小幽默

我們不講笑話

大智慧

小幽默大智慧：我們不講笑話

編著　羅奕軒
出版者　大拓文化事業有限公司
執行編輯　廖美秀
美術編輯　姚恩涵

總經銷　永續圖書有限公司
劃撥帳號　18669219
地址　22103 新北市汐止區大同路三段一九十四號九樓之一
TEL　（〇二）八六四七—三六六三
FAX　（〇二）八六四七—三六六〇
E-mail　yungjiuh@ms45.hinet.net
網址　www.foreverbooks.com.tw

CVS代理　美璟文化有限公司
TEL　（〇二）二七二三—九九六八
FAX　（〇二）二七二三—九六六八

法律顧問　方圓法律事務所　涂成樞律師

出版日◇二〇一五年十月

國家圖書館出版品預行編目資料

小幽默大智慧！我們不講笑話 / 羅奕軒編著. -- 初版.
-- 新北市：大拓文化, 民104.10
面；　公分. -- (成長階梯；68)
ISBN 978-986-411-014-8(平裝)
1.人生哲學
191.9　　104015825

PART 1

笑談靈活處世與變通

我們不講笑話

PART 3 笑談潛能的開發和勵志

PART 5 笑談商業經營與致富

Contents 目錄

PART 6 笑談高效管理與經營

PART 7 笑談市場的開拓與行銷

我們不講笑話

PART 8 笑談職業生涯與工作

Contents 目錄

PART 9 笑談親身實踐與體驗

小幽默大智慧

第一章

笑談 靈活處世與變通

原來如此

甲：「新搬來的鄰居好可惡，昨天晚上三更半夜、夜深人靜之時跑來猛按我家的門鈴。」

乙：「的確可惡！你有沒有馬上報警？」

甲：「沒有。我當他們是瘋子，繼續吹我的小喇叭。」

☺大智慧：

事出必有因，如果能先看到自己的不是，答案就會不一樣。

世界上最好的老公

幾個男人在一家私人俱樂部中運動後，進入更衣室休息，突然放在一條長凳上的手機響了起來，一個男人拿起它，接著就有如下的對話：

男：「喂？」

女：「親愛的，是我。你在俱樂部嗎？」

男：「是的。」

女：「太棒了！我就在離你那兒只有兩條街的購物商場內。我看見一件非常漂亮的貂皮大衣，它非常高貴華麗！我可以買下它嗎？」

男：「價格如何？」

女：「只要一千五百美元。」

男：「好，如果你那麼喜歡它，就去買下它吧！」

女：「哦！我經過默西迪斯代理店時看見二〇〇七年新款。那款車我十分喜歡，我已經和業務員聊過了，他願意給我一個相當不錯的價錢，再說我們也需要將去年買的寶馬給換了。」

男：「那他出什麼價？」

女：「只要十六萬美元。」

男：「好吧，但價格這麼貴，我希望它功能齊全。」

女：「太棒了！在我們掛掉手機之前，還有些事。」

男：「什麼事？」

女：「可能事情太多了，不過我是先看過你的銀行帳戶的。今天早上我經過房地產仲介處，發現去年我們看中的那幢房子正在拍賣！你還記得嗎？就是那幢附有一個游泳池，英式花園，停車場，位於海濱地區的那一幢。」

男：「多少錢？」

女：「只要四十五萬美元，這個價錢非常合理，而且我們銀行還有足夠多的錢。」

男：「好吧，去買下它吧！但必須殺價到四十二萬美元，好嗎？」

女：「沒問題，親愛的！謝謝！我過會兒來看你！我愛你！」

男：「再見！我也愛你。」

這個男人掛了手機，闔上手機的機蓋，然後舉起他那隻握著手機的手，問所有在場的人：「有誰知道這個手機是誰的？」

☺大智慧：

當別人很大方地一擲千金的時候，你一定要提高警覺，因為天下沒有免費的午餐。

迴避

一天阿里斯提卜剛巧碰到一個人在罵自己。阿里斯提卜聽後試圖溜走。那人追上去好奇問他為何要跑。

阿里斯提卜回答說：「使用下流的語言是你的權利，不聽下流的語言是我權利。」

☺大智慧：

有時迴避並非膽怯，而是輕蔑。

兔子和烏鴉

烏鴉站在樹上，整天無所事事。兔子看見烏鴉，就問牠：「我能像你一樣站著，每天什麼事也不用做嗎？」

烏鴉說：「當然，有什麼不可以的。」

於是，兔子在樹下的空地上開始休息。忽然，一隻狐狸出現了，牠跳起來一把就抓住兔子，把牠吞進肚子裡。

大智慧：

如果你想站著什麼也不做，那你必須得站得非常高。

拉大便

一隻小鳥飛到南方去過冬。氣候太冷了，小鳥幾乎被凍僵了，於是牠飛到一大塊空地上。一頭牛經過那兒，拉了一堆牛糞在小鳥身上。凍僵的小鳥躺在糞堆裡，覺得好溫暖，漸漸地甦醒過來。牠溫暖而快活地躺著，不久便開始唱起歌來。一隻路過的貓聽到歌聲，便走過去看個究竟。循著歌聲，貓很快發現了糞堆裡的小鳥，便把牠挖出來吃掉了。

大智慧：

不是每個往你身上拉大便的人都是你的敵人，也不是每個把你從糞堆裡拉出來的人都是你的好朋友。還有，當你躺在糞堆裡的時候，最好把嘴巴閉上。

狼來了

一隻狼出去找食物，找了半天都沒有收穫。偶然經過一戶人家，聽見房中孩子的哭鬧聲，接著傳來一位老太婆的聲音「別哭啦，再不聽話，就把你扔出去餵狼吃。」狼一聽此言，心中大喜，便蹲在不遠的地方等了起來。

太陽下山了，也沒見老太婆把孩子扔出來。晚上，狼已經等得不耐煩了，跑到屋前想伺機而入，卻又聽老太婆說：「快睡吧！別怕，狼來了，咱們就把牠殺死煮來吃。」

狼聽了，嚇得一溜煙地跑回老窩。同伴問牠收穫如何，牠說：「別提了，老太婆說話不算數，害我餓了一整天，不過幸好後來我跑得快。」

☻大智慧：

別人信口開河，你就信以為真，全然不知許多時候，人家只是在拿你當藉口而已。

究竟信誰

某人找鄰居借用毛驢，鄰居回答說：「我的毛驢現在不在。」話音剛落，毛驢在後院裡發出了叫聲。

「那不是你的毛驢嗎？」

「你相信人，還是相信驢？」

大智慧：

虛偽的人還不如誠實的驢子更能讓人相信。

黑白同居

燒炭的人單獨租著一間房子，為了節省房租，一直想找個人合租。恰巧遇見一個漂布的人，想租房子住，正在四處尋找。

燒炭的人對漂布的人說：「那咱倆住一塊吧，房租一人一半。」

漂布的人說：「房租不是大問題，問題是咱倆根本就不可能住一起。」

燒炭的人問：「那為什麼？」

漂布的人說：「這不擺明著嗎？我好不容易漂白的布，都會被你弄黑了。」

☺大智慧：

人與人之間的關係遠近，有時候是一種感覺，而不是刻意的追求。如果感覺不對，就不要再做無謂的努力。

應有盡有

美國有一家大百貨公司門口的廣告牌上寫著：無貨不備，如有缺貨，願罰十萬。某日，有一名法國人想獲得這十萬元，於是他繞店一周，細細觀看一番後，開口問售貨員說：「潛水艇，在什麼地方？」

售貨員帶他到第十八層樓，當真有一艘潛水艇。法國人又說：「我還要看看輪船。」售貨員又帶他到第二十二層樓，果然有一艘新式的輪船。

法國人不肯罷休，又問道：「可有肚臍眼生在頭上面的女子？」

售貨員一下被難住，正無言以對之際，旁邊的另一位女店員應聲道：「我做個倒立給客人看看」。

☻大智慧：

不要把弓拉得太滿，適當的為自己留點餘地，才能進退自如，左右逢源。

誰使其然

英國羅馬天主教牧師羅德納．諾克斯，有一次與科學家霍爾丹討論神學問題，霍爾丹推論說：「宇宙之間存在無數顆行星，難道就不可能有一顆行星上有生命嗎？」

「先生」，諾克斯說：「如果倫敦的員警在你家的大衣櫃裡發現一具屍體，你會對他們說：『世界上有無數個大衣櫃，難道就不可能有一個大衣櫃裡有具屍體嗎？』我看員警一定要研究一下是誰把它放在裡面的。」

☻大智慧：

不要以為可能性大，就無端地下了必然的結論。

為文王發愁

艾子來到齊魯之地講道，來聽講的人每次都有好幾百人。一天，艾子講到周文王被囚禁在牢裡時，正好被齊宣王召見，他來不及講完就去見齊宣王了。

聽眾中有個人入了迷，他既無奈又悶悶不樂地回到家裡，妻子關心地問他：「您每天聽完艾夫子講道之後，回到家裡都很高興，為什麼今天卻這樣憂愁？」

他說：「今天一早，我聽艾夫子說周文王是個大聖人，如今卻被他的國君殷紂囚禁在牢裡，我可憐他無辜被囚，所以非常煩悶。」

妻子想安慰他，就說：「現在文王雖然被囚禁著，時間久了一定會被赦免的，怎會一輩子遭受囚禁呢！」

這人仍然歎息著說：「我倒不愁放不出來，只是愁今夜他在牢內該多麼難熬。」

☻大智慧：

心地善良本無可厚非，但「婦人之仁」就要不得了。

無用的反對

理查．布林斯萊．謝立丹是十八世紀後期英國最有成就的喜劇創作家。當他的第一部喜劇《情敵》初次上演時，謝立丹應觀眾的要求謝幕。就在這個時候，有一個人在劇場頂層的樓座上喊道：「這個劇糟透了！」

謝立丹微笑地鞠躬說：「我的朋友，我完全同意你的意見。」他一邊聳聳肩，一邊指著劇場裡那些剛才為演出熱烈叫好的觀眾，補充了一句說：「但是，我們兩個人反對這麼多觀眾，你認為能起什麼作用嗎？」

☻大智慧：

「牆頭草」並不是一個褒獎詞，它是在形容那些沒有主見，隨波逐流的人。但認不清「大勢所趨」，口是心非，刻意地去標新立異，也難免會「雞立鶴群」。這時候，還不如去做一棵「牆頭草」，至少不會被認為是做作的。

生日禮物

細菌學家對自己的妻子說；「親愛的，我已經準備好了一件特別的禮物，在你的生日那天要送給你。」

妻子：「好極了，是什麼呢？」

「以你的名字做為病毒的命名。」

☻大智慧：

看來，不分場合和時機地突顯自己的職業專長，並不見得就是什麼好事情，甚至會引起適得其反的效果。

注意服務態度

飯店經理對女服務員們說：

「今天，你們尤其應該特別注意服務態度。」

「是有什麼重要人物來這裡吃飯嗎？」女服務員們問。

「不，」經理回答，「今天，我們這裡供應的肉特別的硬。」

☻大智慧：

心虛的人說話會讓步三分，這是因為理虧而擔心別人追究。與其這樣，為什麼不及時採取有效的措施，避免這種被動局面的出現呢？

禮贈法官

一個人為了一件糾紛不得不去法院按鈴申告，他問他的律師是哪一位法官受理他的訴訟案，律師告訴他說：「你認識此人嗎？」

這人回答：「不。不過我要是知道他的名字，我就可以送給他一打好酒了。」

律師十分震驚地說：「你決不能那樣做，那樣你會嚴重觸犯法律，你的訴訟案也會敗訴的。」

幾星期後，這件訴訟案得到判決，這個人勝訴了。當他步出法院時，他對他的律師說：「我送給法官的禮品不是成功了嗎？」

律師更加震驚地說：「什麼，你真的把酒送給他了嗎？」

「那當然！」他說「不過我在送給他的酒寫上了對方的名字。」

☻**大智慧：**

三十六計中有一計，「兵不厭詐」，我們並不是推薦用這樣的方式，而是要小心不要讓別人用了這樣的方式讓我們上當。

簡單的問題

有一次，喬治和他的父親一起去山中打獵。每當遇到野物，喬治總是看到爸爸舉起槍來，眯著一隻眼，「叭」的一聲，扣動扳機。

喬治好生奇怪，就問父親：「爸爸，您為什麼瞄槍時老閉著一隻眼睛呢？」

爸爸回答：「傻孩子，你怎麼總是提這麼簡單的問題？要是兩隻眼睛都閉上，能看得見東西嗎？」

☻**大智慧：**

人世間的事情，有些是需要閉上眼睛才能用心體會到的，有些需要睜一隻眼閉一隻眼才能集中注意力於那一點，而有些又需要你睜大了雙眼才能看清楚。

方向不對

東方快車上，列車長看了一位老太太的票後說：「這是從柏林到巴黎的票，可是我們這趟車是開往伊斯坦布爾的。」

老太太嚴肅地看著列車長問：「怎麼辦，難道就連司機也沒發現他開的方向不對嗎？」

☻**大智慧：**

遇到爭執時，每個人都會以自己的標準為正義的標準。並以此來責怪他人。

苦修者的誠意

有個和尚，夏夜裡赤身裸體的坐臥在山邊，讓蚊子來咬他。他要捨身餵蚊子，口裡還不停地念著佛經，以求苦修成佛。觀音大士想考驗他的誠心，就變成一隻老虎來到山邊，看看他能不能捨身餵虎。和尚看見來了一隻老虎，慌忙起身逃走，邊跑邊喊：「今天晚上碰見這麼大隻的，我這個東道主怎麼能做得起？」

☻大智慧：

平日裡看似大方的人，一遇到與己有關的利害衝突，就承受不了考驗。想要真正想瞭解一個人，就看他在一些特殊、關鍵時刻的表現便能瞭解。

主人和僕人

有個人外出經常帶著僕人，可是每當飲酒的時候，他只管自己喝，從來不給僕人喝。一次，又有人請他喝酒，僕人用墨水把自己的嘴唇給塗黑了，站在主人旁邊。主人見了說：「這奴才的嘴很好看！」僕人說：「只顧你的嘴，不要管我的嘴。」

☻大智慧：

在這個功利的社會中，對話是需要身份的，沒有一個平等的身份，再怎樣努力巧妙的提醒對方，也不會被人重視、理解。

出難題

某甲出個謎語說：「上柱天，下柱地，塞得乾坤不透氣。」問某乙是什麼東西。某乙說：「我也有個謎語讓你猜：頭朝東，尾朝西，塞得乾坤不透氣。」某甲說：「不知道。」某乙解釋說：「就是你說的那個東西，我放倒了。」

☻大智慧：

「以其人之道，還治其人之身」，有時難為別人就是難為自己，希望透過貶低別人提升自己的方法，往往是不可行的。

油漆未乾

畫家把他幾幅精美的油畫雇用貨車運到展覽會場去。他特別叮嚀司機：「小心點！畫上的油漆還沒乾透。」

司機說：「沒關係，我穿的都是舊衣服。」

☻大智慧：

生活是大家的，責任就是公益！不要總為了自己的利益盤算，多為別人著想，只要設身處地，無私的奉獻——你一定也會得到生活的報償！

以牙還牙

一位看上去很有魅力的女子坐在酒吧裡，一位男士走過去說：「請問這兒有人坐嗎？」女子臉上開始呈現出迷惑不解的表情，什麼，去汽車旅館？男士重複了一遍問題，女子報以同樣的回答，男士覺得很懊惱，但是沒有說什麼，便回到自己位置上坐下了。過了一會兒，女子到男士桌邊說，對不起，我是學心理學的，在研究人們遇到莫名其妙的回答時會有什麼表情。男士高聲地反問道：「什麼，要一百美元？」

☻大智慧：

不尊重別人，又怎麼要求別人尊重自己？既然希望得到尊重，就得先尊重別人，因為尊重別人，才會贏得別人的尊重！

最吃驚的

新學期開始，每個男生都要上臺，做自我介紹。當一位很清秀的男生做自我介紹的時候，主持人問到：「請問你有沒有被別人誤以為是女生？」「當然，」那男生不以為然，「從小學時老師就一直把我當作女生，直到有一天我一氣之下剃光了我所有的頭髮。」「那老師們一定很驚訝吧！」「嗯！不過最驚訝的不是老師，而是那位很殷勤地為我提了一年書包的男生。」

☻大智慧：

不應只根據外表來判斷與你交往的人的性質，眼睛所看見的不一定是真實的，不要因為片面的認識而做出一些愚蠢、可笑的舉動。

半夜的聲音

有個蹩腳的歌手三更半夜還在聲嘶力竭地練歌，鄰居忍無可忍，敲牆壁向他表示抗議。

歌手氣憤異常，立刻探出頭朝鄰居家的窗戶大喊：「都快一點了，你還往牆上釘釘子，你不覺得太不是時候了嗎？」

☻**大智慧：**

利益之間的平衡，不僅僅需要爭取，更需要克制與寬容。不要總是抱怨別人妨礙了自己，很多時候，正是因為我們妨礙了別人。

諮詢

有一個律師辦公室的桌上放著一塊牌子，上面寫著：「回答一個問題，收費一百美元。」

有位太太來諮詢，看到桌上的牌子很驚訝，問道：「回答一個問題真的要收一百美元呀？」

律師回答：「是的，請提第二個問題！」

☻**大智慧：**

生活是有很多前提和規定的，我們需要用心的瞭解。

鋼琴的牙齒

媽媽，你知道誰的牙根是黑色的，而牙齒是白色的？

「不知道，娜佳。你能告訴我嗎？」「鋼琴」。

☻大智慧：

生活中的許多事情是不能一概的用常理來推測的，有的時候轉換一下思考方式，發揮一下想像的空間，人生也許會從此而有所不同。

離題

父：「孩子，我替你寫的那篇作文，得獎了嗎？」

子：「沒有，老師說寫得太離題了。」

父：「不會吧！作文題目不是《我的父親》嗎？」

子：「是啊，可您寫的是我爺爺呀。」

☻大智慧：

人各有異，一成不變地照章全抄，套用別人的經驗，是不可能完全適合你自己的實際情況的，根據自己的實際情況融會貫通，才能夠不著痕跡。

小幽默大智慧

第二章

笑談努力行動與收穫

「醫囑」

寫《名利場》的英國著名作家薩克雷，他的一生以助人為樂，做好事從來不留名。

當他知道朋友有困難時，便常常用別名、假名甚至不具名的方式匯款，以接濟需要幫助的人。寄錢時，他把錢裝在用過的藥品盒裡，並附有一份「醫囑」，上面寫明「服用方法」：「每次服一粒，急需時『服用』！」

☻大智慧：

別人對你的幫助，尤其是物質上的給予，千萬不能當作是天上掉下來的禮物，而應該把它當作是，自己自力更生的跳板和資本，否則，你最終還是一無所有。

乞丐的願望

一群人站在巷子裡，每人都在為自己祝福。有的想成為富翁，有的想娶富翁的女兒，有的祈願妻子能生個小孩。

在這群人中間有一個乞丐，他也喃喃地對天祈禱著什麼。「喂。」有人問他，「您為自己祈禱什麼？」

「我祈願自己是這座城市裡唯一的乞丐。」

☻大智慧：

每個人都擁有自己的夢想——那是我們的智慧和精神在遠處的集合點！

吃了狗肉以後

有個遊手好閒的人，家裡十分貧窮。一天，他吃了剩下的糙米飯後出門，在路上遇到了一個老者。老者正在吃飯，就招呼他一起吃。他說：「早晨剛在家裡吃過狗肉，已經吃得太飽了，如果有酒喝一杯還可以。」

老者便請他喝酒，但他喝了酒後就吐了。老者見他吐出來的全是糙米飯，就問他；「你說吃的是狗肉，怎麼吐出來的都是糙米飯？」

他歪著頭想了好久，說道：「我吃的是狗肉，想必這狗是吃糙米的。」

☻大智慧：生活中不乏這種死要面子活受罪的人，如果可以丟掉懶惰，努力的工作，還會有克服不了的困難嗎？

算命

阿珠：你相信星座算命嗎？

阿花：我們處女座的人，可不是隨便就會相信星座算命的！

☻大智慧：命運究竟是上天注定，還是事在人為？人們總有捉摸不定的感覺——但至少，我們腳下的大地是真實的，篤定的。與其問路在何方？還不如走好腳下的路！

婚姻

丹妮太太：「瓊斯，聽說你和你丈夫離婚，只用了一個星期就把手續辦好了。你一定付給律師很多錢吧？」瓊斯：「一毛錢也沒付。」丹妮太太：「為什麼？」瓊斯：「那位律師已成為我的未婚夫了。」

☻**大智慧：**

當我們自以為正在享受不勞而獲的時候，也許我們自己已經成為了，這個賭局裡的全部賭注了。

獵人、獵狗和兔子的故事

一條獵狗將兔子趕出了窩，一直追趕牠，追了很久仍沒有捉到。獵人看到此種情景，譏笑獵狗說：「你們兩個之間小的反而跑得比較快。」獵狗回答說：「你不知道，我們兩個跑的時候感受是完全不同的！我僅僅為了一頓飯而跑，他卻是為了性命而跑呀！」

☻**大智慧：**

相應的目標產生相應的行動，若是對待眼前的事情就像對自己生命般重要，還有什麼不能克服的呢？

乞丐的邏輯

兩個乞丐正在對談。

「你知道安東最近的情況嗎？」

「不知道·他怎麼了？」

「他去上班了。」

「哼！我一直認為，這小子為了錢，什麼事都做得出來的。」

☺大智慧：

坐等財富到來的人，永遠沒有資格取笑那些為之付出正當努力的人。

服務生的願望

有人問一餐廳的服務生：

「目前，你最強烈的願望是什麼？」

服務生沈思片刻，回答：

「希望所有準備來餐廳的顧客，都改變主意回家用飯；希望他們通通都把小費留下來給我。」

☺大智慧：

想省掉所有的過程而直接得到報償，那終究只是人的一種想像，起碼從長遠來看是這樣的。

為什麼踢我

那年夏天的晚上，八歲的大毛獨自在家。

突然，傳來一陣敲門聲，他開門一看，沒有人，再朝地上一看，看見一隻蝸牛。

那蝸牛對大毛說：「我餓壞了，能給點吃的嗎？」

大毛大怒，一腳把蝸牛踢了出去。

十年後，還是夏天的晚上，還是大毛一個人在家，還是一陣敲門聲。

大毛開門一看，還是那隻蝸牛。

那蝸牛氣急敗壞地對大毛說：「剛才你為什麼踢我？」

☻大智慧：

努力總會有回報，凡事都有回應。只是時間的早晚而已。

與人方便

有個男孩在一家麵包店，買了一塊兩便士的麵包。他覺得這塊麵包比往常買的小得多，便對老闆說：「你不認為這塊麵包，比往常的要小些嗎？」

「哦，沒關係。」老闆回答說，「小一些，你拿起來就輕便些。」

「我懂了。」男孩說著，就把一個便士放在櫃檯上。正當他要走出店門時，老闆叫住他：「喂，你還沒有付足麵包的錢！」

「哦，沒關係。」小孩有禮貌地說，「少一些，你數起來就容易些。」

☻大智慧：

不要試圖以低劣的理由，來搪塞似乎看來不如你的人，貪小便宜並不如想像中的容易，付出多少就會得到多少等值的結果。

擦窗戶

門鈴響了。主人打開大門，看見門外站著一個人，他說：

「太太，您願意雇用我為您擦擦樓上的窗戶嗎？」

「好吧，去擦吧！」

過了幾分鐘，門鈴又響了。有個人在門外說：

「您還願意雇我為您擦樓上的窗戶嗎？」

「怎麼這麼巧。你們的一個同行已經在擦了。」

「是的，因為，」那個人說，「我剛從樓上的窗臺上掉下來了。」

☺大智慧：

在你做一件事情的過程中，偶爾的失誤是完全可以諒解的，只要你堅持努力，就一定能找到正確的方法並完成任務。

抗旱的方法

農夫甲：「去年大旱，我吃足了苦頭，今年我想了一個辦法，保證不怕旱。」

農夫乙：「太了不起了，能告訴我是什麼辦法嗎？」

農夫甲：「我在每一行麥子旁邊，都種上一行洋蔥。洋蔥一長出來，麥子就會嗆得整天流淚。」

大智慧：

人如果常常把注意力停留在對其他因素的期待中，自己不再去努力，最後的結果是自己什麼也得不到。

鱷魚

一個波蘭人看到朋友穿了一雙鱷魚皮的皮鞋，大為羨慕。一問之下，價錢非常昂貴，於是他便決定自己去獵殺一隻鱷魚。他找到一個沼澤，跳下水去和一隻鱷魚搏鬥了許久，好不容易才把鱷魚拖上岸，卻大歎一口氣道：「浪費了那麼多時間，這隻鱷魚竟然沒穿鞋」。

☻大智慧：

當我們急於獲得什麼的時候，總是放棄了應有的理性思考。為一個淺顯的目標而盲目的追尋，總是讓我們在收穫面前一無所獲。

大人物

一位記者到一個著名的小鎮觀光，他問一個當地孩子：「你能告訴我，這鎮上曾經誕生過什麼大人物嗎？」

那小孩回答道：「沒有，我們這兒出生的全是嬰兒。」

☻大智慧：

所有的成就都是伴隨著成長而來的，也許有生而富有的人，卻永遠都不會有生而偉大的人。偉大這個名詞永遠都是要靠實力掙來的。

縫

一個老婦人對站在面前的乞丐說：「這條褲子還蠻好的，只要用上個把鐘頭縫一縫，就會跟新的一樣。」

「多謝了，太太，」乞丐說：「那我過一個小時後再來拿，怎麼樣？」

☺大智慧：

我們對生活總是有著太多的期待，總是想擁有更多。但是，生活並不虧欠我們什麼——自己想要，動手來拿！過分的要求生活，依賴生活，只會被生活拒絕於門外！

尋找答案

乞丐某日去找拉比，他說：「哎，拉比，我要向您請教一個最難的問題，如果一個人餓了，他又身無分文，那該怎麼辦呢？」拉比想了想，給他幾個硬幣。

第二天，乞丐又敲了拉比的門：「拉比，我有個最難最難的問題。」

「是不是和昨天的一樣？」「對極了，拉比。」

「我不是已經告訴你那個問題的答案了嗎？」

乞丐笑了笑：「是的，拉比，不過，當我回家後，我本想好好地去領悟您的答案，可您的答案已經不在了，現在只好請您再給我一個新的答案……」

☻大智慧：

生活沒有一勞永逸的解答，唯有持續不斷的努力；人生也沒有什麼救世主，能拯救你的人只有你自己，相信自己，好好努力，生活決不會虧待你！

真槍實彈

電影大亨決心製作一部有史以來，最具規模最偉大的巨片。「我要動用前所未見的陣容來演那戰爭場面。」他揚言，「雙方各用兩萬五千名臨時演員。」

「好極了！」導演半信半疑地說，「可是，我們怎樣付得起那麼多錢給他們呢？」

「計劃的妙處就是，」大亨回答，「我們要用真槍實彈。」

大智慧：

宏偉的藍圖固然需要規劃，但最重要的，還是得要有一個實事求是的態度。

記憶的訣竅

甲：我昨天買了一本《記憶的訣竅》，寫的真的是太好了，我昨晚一口氣就把它讀完了。

乙：能否借給我讀一讀？

甲：當然可以，咦，我把它擱在哪兒了？

大智慧：

對待生活，我們是不是總淺嘗輒止，急功近利呢？還是好好地用心體會和真誠切實的努力吧！善待生活，它才會誠實的回饋你！

先去買張彩券

有個落魄不得志的中年人，每隔三兩天就到教堂祈禱，而且他的禱告詞幾乎每次都相同。

第一次他到教堂時，跪在聖壇前，虔誠地低語：「上帝啊，請念在我多年來敬畏您的份上，讓我中一次彩券吧！阿門。」

幾天後，他又垂頭喪氣回到教堂，同樣跪著祈禱：「上帝啊，為何不讓我中彩券？我願意更謙卑地來服侍你，求您讓我中一次彩券吧！阿門。」

又過了幾天，他再次出現在教堂，同樣重複他的祈禱。如此周而復始，不間斷地祈求著。

到了最後一次，他跪著：「我的上帝，為何您不垂聽我的祈求？讓我中一次彩券吧！只要一次，讓我解決所有困難，我願終身奉獻，專心侍奉您——」

就在這時，聖壇上發出一陣宏偉莊嚴的聲音：「我一直垂聽你的禱告。可是——最起碼，你也該先去買一張彩券吧！」

☻大智慧：

夢想是成功的起跑線，決心則是起跑時的槍聲。行動猶如奔跑者全力以付的決心，唯有堅持到最後一秒的，方能獲得成功。

富翁和服務生的差別

美國石油大王洛克菲勒，經常到一家餐廳用餐。每次餐後，他都會留下一美元給服務生當小費。

有一天，洛克菲勒又到這家餐廳用餐，餐後他還是給了服務生一美元的小費。服務生忍不住說：「假如我是你，就不會如此吝嗇，給這麼少的小費。」

洛克菲勒答到：「就是這個原因，所以你到現在仍是一個服務生。」

☺大智慧：

很多人之所以不能致富，很大的一個原因，就是他們存在著一種不勞而獲的思考模式，習慣接受別人的施捨和給予，而忘了要靠自己的努力去獲取成功。其實，在這個世界上，除了自己的雙手和頭腦，又什麼東西能讓你依靠一輩子呢？

可以放大五百倍

老大終於找到了一份稱心的工作。

這天，他拿到了第一個月的薪水，想買一件禮物犒賞自己。於是，他來到百貨公司，見一位營業員正在擺設一些器械。他好奇地看了半天，然後決定買下它——一架顯微鏡。

回到家裡，老二見哥哥捧回一樣東西，便好奇地問道：「這是做什麼用的？」

「唉，你不懂，這是顯微鏡！可以放大五百倍呢！」

「喔，那太好了。那也就是說一百元，可以看做五百元的鈔票！」

☻大智慧：

質變和量變有著本質的不同。雞生蛋，蛋生雞的發財夢，無聊的時候可以做做，但是就是不要當真。腳踏實地的走好每一步最為重要。

農夫和麥子

一次，有人問一個農夫他是不是種了麥子。

農夫回答：「沒有，我擔心天不下雨。」

那個人又問：「那你是種棉花嗎？」

農夫說：「沒有，我擔心害蟲會吃了棉花。」

於是那個人又問：「那你種了什麼？」

農夫說：「什麼也沒有種。我要確保安全。」

☻大智慧：

一個不敢冒任何風險，不願意承擔任何責任的人，到頭來什麼也不會得到。

哥哥的兒子

文法課上，老師在黑板上出了一道題目：請把「我的哥哥去學校」這句話改成未來式。

老師叫湯普森上去改寫，湯普森走到黑板前，迅速寫道——「我哥哥的兒子去學校。」

☻大智慧：

超前意識並不一定是正確的。有的時候循規蹈矩才是正確的選擇，腳踏實地的做事思考，才有正確的答案。

怎樣當教授

大學生：「我常常夢見自己當了教授。有什麼辦法才能讓夢想實現呢？」
教授：「少睡點覺。」

☺大智慧：
不積跬步，無以至千里。只靠夢想是換不來實際的需求，只有靠自己的辛勤和汗水，才能夠夢想成真。

不同之處

有人問哲學家亞里士多德：「你和平庸的人有什麼不同？」
「他們活著是為了吃飯，而我吃飯是為了活著。」哲學家回答說。

☺大智慧：
有追求的人才會有成就，無志空活百歲。碌碌無為的人生注定充滿了遺憾，趁著年輕，多做一些應該做的事情吧！

只選其一

有人去白宮拜訪第二十六屆總統西奧多．羅斯福，羅斯福的小女兒艾麗絲在辦公室跳進跳出，不時打斷他們的談話。

那人抱怨說：「總統先生，難道你連艾麗絲都管不住嗎？」

羅斯福無可奈何地說：「我只能在兩件事情當中做好一件。要麼，當好合眾國總統；要麼，管好艾麗絲。既然我已經選擇了前者，對後者就無能為力了。」

☻大智慧：

每個人都有自己應盡的職責，自然在不同的時候扮演著不同的角色，兒子，父親，職員，老闆等等，壓力是不言而喻的。要想做得好，就要在扮演每個角色的時候都全力投入。

實驗的結果

美國政治家查爾斯．愛迪生在競選州長時，不想利用父親大發明家愛迪生的名氣來抬高自己。

他在做自我介紹時這樣解釋說：「我不想讓人認為我是在利用愛迪生的名望。我寧願讓你們知道，我只不過是我的父親早期實驗的結果之一。」

☻大智慧：

「吃自己的飯，流自己的汗，靠天靠地，不算是好漢。」別人的光環無論如何光彩耀人，也無法籠罩你一生，你必須用雙手摘取屬於你自己的桂冠。

沒空

「你怎麼一天到晚老是玩？」

「晚上光睡覺，沒空玩嘛！」

☻大智慧：

玩是人生的一部分，也是人之本性——但絕不能遊戲人生！

貝多芬的雕像

有一位鋼琴家對作曲家雷格說：「最近我演奏的成績一直再進步，使我有能力購買一架新鋼琴。我想在鋼琴上再擺個音樂家的雕像，你說買莫札特的好呢？還是貝多芬的好？」

雷格並不承認這位鋼琴家的才能，當即回答：「我看還是買貝多芬的吧！他是聾子！」

☻大智慧：

真正的努力是默默無聞的，虛假的努力是擺在案頭給別人看的。

一毛不拔

猴子死後去見閻王，要求投胎做人。

閻王說：「你要做人，必須把身上的毛都拔掉。」就叫夜叉過來，幫牠拔毛。才拔一根，猴子就痛得大叫起來。

閻王說：「看你，一毛不拔，怎能做人呢？」

☻大智慧：

沒有付出，永遠不能實現夢想，何況是不可能實現的夢想。

泥土和國王

英格蘭國王威廉二世當年在指揮軍隊，攻進英格蘭東南的佩文西時，不慎被絆了一下跌倒在地。手下的人大驚失色，都認為這是不祥之兆。可是威廉很快就站了起來，高高舉起沾滿泥土的雙手，大聲喊道：「感謝上帝，賜予我應有的王國，英格蘭的國土就在我的手中！」

☻大智慧：

逆境人人都會遇到，但是有許多的人，被絆腳石絆倒以後就再也爬不起來了，更不會將挫折當作磨練，把絆腳石變成墊腳石。

等待

一位探險家在森林中，看見一位老農正坐在樹樁上抽煙斗，於是他上前打招呼說：「您好，您在這兒幹什麼呢？」

這位老農回答：「有一次我正要砍樹，但就在這時風雨大作，颳倒了許多參天大樹，這省了我不少力氣。」

「您真幸運？」

「您可說對了，還有一次，在暴風雨中閃電把我準備要焚燒的乾草給點著了。」

「這真是奇蹟！現在您準備做什麼？」

「我正等待一場地震，好把花生從地裡翻出來。」

☻**大智慧：**

假如凡事都靠運氣，最終你將會被好運氣弄得一事無成，一無所有。

許願

有一對同齡夫婦，一齊歡度他們的六十歲生日。正在熱鬧時，突然，天使出現了。

天使說：「我來祝福你們的六十歲，你們許願吧！我一定會讓你們的願望成真。」

六十歲的老婆說：「我好想環遊世界。」

天使說：「成全你。」噹！太太手上是環遊世界的飛機票。

天使問六十歲的老公：「你呢？許什麼願？」

老公問：「真的一定會成真嗎？」

天使說：「我從不反悔。」

於是，老公高興萬分的許願：「我希望我現在能抱著比我小三十歲的女人。」

天使說：「成全你。」

噹！老公變成了九十歲。

☺**大智慧：**許多人都期望得到，卻忘了自己要付出什麼。

魏什麼

有一德國人酷愛中國文化，取名魏特茂，一日遇到一老翁，兩人寒暄起來，老翁：「您貴姓？」

「我姓魏。」

「魏什麼？」

「為什麼？難道姓魏也要講原因嗎？」

☺**大智慧：**對待生活，若採取一知半解的態度，難免自欺欺人，最終還是會被生活玩弄。所以，還是老老實實，謙虛誠懇地埋頭努力吧！

前面也有雨

有個人在雨裡慢慢行走。路上有人見了覺得奇怪，問他道：「雨下得這麼大，你怎麼不走快點兒？」

他從從容容地答道：「走快點兒有啥用？前面也有雨嘛！」

☺大智慧：

也許我們無法改變現實，但主動去努力，總是強過在一開始就告訴自己沒有用！

免費的午餐

獅子想出一個計策，準備害死一頭大公牛。

獅子對公牛說，牠殺了一頭綿羊當祭品，想邀請公牛一起享用。其實獅子是準備在公牛低頭吃飯時，趁機將牠殺死的。

公牛赴約了，但是看到很多銅盆和大鐵叉，卻沒看到綿羊，就一聲不響地回去了。獅子因此責備公牛，說自己並沒失禮之處，為什麼你毫無理由就走了呢？公牛說：

「這不是沒有理由的，因為我看不到綿羊，卻只看到準備烤牛肉的工具。」

☻大智慧：

天下沒有免費的午餐。沒來由的請柬說不定就是鴻門宴。

理由充分

一輛載滿乘客的公共汽車，沿著下坡路快速前進著，有一個人在後面緊緊地追趕著這輛車子。

一個乘客從車窗中伸出頭來，對追車子的人：「老兄！算啦，你追不上的！」「我必須追上它，」這人氣喘吁吁地說：「我是這輛車的司機。」

☻大智慧：

有些人必須非常認真努力，因為不這樣的話，後果就會十分悲慘！然而也正因為必須全力以赴，潛在的本能和不為人知的特質，終將充分的展現出來。

買一送一

某書店打出促銷廣告：「新書上架，買一送一。」

顧客：「買什麼送什麼？」

售貨員：「一本新書，一本勘誤表。」

大智慧：

世界上沒有免費的午餐，如果天上真的掉下了五千萬，它說不定會把你壓死。

小幽默大智慧

第三章

笑談 潛能的開發和勵志

雕琢人生

在文藝復興時期，義大利雕刻家米開朗基羅用了多年的時間，完成了舉世聞名的大理石雕刻，名為「戴維」，現在存放於佛羅倫薩美術學院。

當朋友問米開朗基羅，是如何雕琢出栩栩如生的戴維像的祕訣時，他只是輕描淡寫地說：「戴維本來就在這塊大理石之內，我只是將不屬於戴維的石塊鑿掉罷了！」

☻**大智慧：**

成功並非要改頭換面，脫胎換骨，而是要將自己美好的「本來面目，呈現人前」。成功是恰如其分的展現自己的優點。

光明的前景

有三個建築工人，有一天工作完了各自回家。

回家途中，第一個工人心裡想：「要不是為了生活，我真不想做那砌磚的工作，辛苦得很。」

第二個工人心裡想：「每天都在砌牆，真是沈悶得叫人發瘋。」

第三個工人心裡想：「我今天為了完成一所宏偉的教堂而努力，完成後教堂可容納幾百人做禮拜，這實在是一件極為有意義的工程。」

☻大智慧：

在生活中，你是在抱怨、在憤怒，還是有所創造呢？你是在砌磚、砌牆，還是為有意義的目標前進呢？請謹記，將思想集中於光明的前景之中。

「隨便」的工作

美國前總統羅斯福的夫人，在年輕時從本寧頓學院畢業後，想在電訊業找一份工作，她的父親就介紹她去拜訪當時美國無線電公司的董事長薩爾洛夫將軍。

薩爾洛夫將軍非常熱情地接待了她，隨後問道：「你想在這裡做哪部份的工作呢？」

「隨便」她答道。

「我們這裡沒有叫『隨便』的工作」。

大智慧：

沒有奮鬥的方向，就會活得混混噩噩；準確地把握好自己的喜好和追求，是走向成功的第一步！記住，成功的道路是由目標鋪成的！

酒精實驗

一天，一位醫生將一群嗜酒如命的酒鬼召集在一起，他在他們面前做了這樣一個實驗：

醫生將兩隻杯子放到了桌上，一杯裝滿了清水，另一杯裝滿了酒精。他把一隻毛毛蟲先丟進了裝滿清水的杯子，大家看著蟲子在清水裡游著，慢慢地又爬了出來。然後，醫生又將毛毛蟲抓了起來，投進了裝酒精的杯子，蟲子在酒精裡掙扎了幾下就死去了。

看了這個實驗後，酒鬼們面面相覷，屋子裡沈默了好長一會時間。正當醫生準備對他們說明酒精對人體有害的時候，在屋子的最後一排傳來一個聲音：「醫生，我明白了，只要我們多喝酒，那我們的肚子裡就決不會長蟲了！」

☻**大智慧：**

即使是一種正確的觀念，總是有人站在負面的角度去解釋它。對這些人來講，再多的勸導也是沒有太大作用的。

甜言蜜語

美國湯姆斯科學教授貝克博士，建議家庭盆栽的愛好者，遵循以下的祕訣，必能有一個美麗茂盛的庭園。

一、瞭解你的植物，且明確地表達出你的心中的情感。
二、每天輕聲細語的不斷地對植物說話，就像哄小孩一樣。
三、如果你的植物長得不錯，別忘了隨時讚美它。
四、心情不好時，別和植物說話，這會使植物迅速枯萎。
五、絕對不要用咆哮的方式對植物說話，這會使植物感到恐懼。

現在如果有同樣的兩棵植物，如果你對其中的一棵採取以上方法，而對另一棵只是簡單地澆水，三個月之後，你會發現前者將會比後者枝葉茂盛得多。

☻大智慧：

多讚美，多鼓勵，多掌聲；不抱怨，不批評，不責備！學會用平靜、溫和且穩定的聲音向它表達愛意，它必將以旺盛的生機回報你的感情。植物尚且如此，更何況面對萬物之靈的人呢？

成道

詩人為了要求得到更高深的學問，到處向人請教，但仍不能滿足他強烈的求知慾。

有一天他聽說有一位得道的禪師，學問非常高深。於是不惜千里跋涉去求見，好不容易見到了禪師，便虛心地問：「師父，請告訴我該如何才能得道？」

禪師回答：「諸惡莫做，眾善奉行。」

詩人不解地說：「這連三歲小孩也知道呀！怎能說是道呢？」

禪師回答：「三歲小孩也知道，但八十老翁也難奉行啊！」

☻**大智慧：**

有誰不想成功？又有誰不知道要成功就必須不斷的努力學習，要參加訓練，要有持續性？但是真正成功的人又有幾個？不要問成功有沒有我的份，只要通曉本行成功的原則，你必定是成功者之中的一個。

早知道

有個人在路上走，不小心突然跌了一跤，他嘀咕了一句，「真倒楣」爬起來拍乾淨身上的土，又繼續趕路了。

走了不久，他腳下一絆，又摔了一跤，這次他更惱怒地說：「早知道還要摔跤，上次我就不爬起來了。」

☻**大智慧：**

一個人，無論從事任何工作，遇到困難和挫折都在所難免，假如因為摔了跤埋怨自己做錯了事業，勢必終生悲歎，碌碌無為，一事無成。

馬拉汽車

相傳非洲有這麼一個故事：

某個農村，住著一個名叫卡特爾的中年人。卡特爾以身體強壯，勤奮節儉聞名。他辛勤工作了十多年，成了遠近聞名的富翁。

由於平常節儉習慣，卡特爾還是過著清貧的生活。

有一天，從外地來了一個推銷員，他費盡了唇舌，終於說服他買下了一部豪華汽車。有一天卡特爾要到農場去，但那部汽車跑的速度非常慢，原來，卡特爾沒有發動汽車的引擎，而是用四匹馬在前面拉著走……

大智慧：

由於卡特爾不知道那輛汽車的引擎發動後力氣有多大，才會鬧出駟馬拉車的笑話來。其實，每個人都有著無比的潛能，只要我們善加利用，發揮它的效力，便能做出一番事業來

上帝會救我

某地發生水災，整個鄉村都難逃厄運。許多村民紛紛逃生，只有住在較高處的王小明將一些重要東西收拾好、然後爬到屋頂上去。

不久，大水淹過屋頂，剛好有艘木舟經過，船上的人要小明逃生。王小明胸有成竹地說：「不用啦！上帝會救我的。」木舟就離他而去。

片刻之後，河水淹到他的膝蓋。剛巧，有艘汽艇經過，可拯救那些尚未逃生者。救護人員儘量說服小明。王小明則說：「不必啦！上帝一定會來救我的。」汽艇只好到他處進行拯救工作。

半刻鍾之後，洪水高漲。已到王小明的肩膀。此時，有架直升機放下軟梯來拯救小明。王小明死也不肯上機，說：「別擔心我啦！上帝會來救我的。」直升機也只好離去。

最後，河水繼續高漲，王小明被無情的洪水淹死了。

死後，王小明升上天堂，遇見了上帝。他大罵上帝：「平日我誠心祈禱您，您卻見死不救，算我瞎了眼了。」

☺大智慧：

朋友，很多時候，不是我們沒有機會成功，而是不去認同那是個機會，三番兩次的找藉口來推辭掉它。我們到底有多少機會可丟棄呢？

幸好她不在

小黃個性內向膽怯。因此年近三九仍然是王老五一個。上個月公司來了一位新的女職員，她也是小姑獨處，名花無主。大概是緣分已到，小黃對這位小姐的到來視為天意。

於是小黃常常藉故接近這位小姐，但是每次都滿臉通紅，結結巴巴地聊上幾句便走開了。他也曾經想過要約這位小姐去看電影或逛街，但是每次都因為沒有勇氣開口，而使約會變得遙遙無期。

這一天是「情人節」，小黃在妹妹的百般鼓勵下，終於羞答答地把電話拿到房裡，關上房門，然後戰戰兢兢地撥電話給這位女同事，希望能約她共度佳節。

妹妹在房外靜候了好一陣子。不久小黃從房裡走了出來又跳又叫的，妹妹連忙問他：「怎樣？一定是她答應了。」小黃如釋重負地說：「哇！我好幸運，幸好她不在家。」

☻大智慧：

好多人不也犯同樣的毛病嗎？心裡很想要成功，但是又缺乏勇氣而遲遲不敢採取行動。決定出門之前又盼望最好下場雨，來到顧客家按門鈴時又矛盾地希望顧客不在家。一方面想要成功，另一方面又不敢提起勇氣去爭取。這樣，成功之日肯定遙遙無期。

下一個

世界球王貝利在二十多年的足球生涯裡，參加過一千三百六十四場比賽，共踢進了一千二百八十二個球。並締造出一個隊員在一場比賽中，射進八個球的紀錄。他超凡的球技不僅令萬千觀眾心醉，而且常使球場上的對手拍手稱絕。他不僅球藝高超，而且談吐不凡。當他個人進球記錄滿一千個時，有人問他：

「您哪個球踢得最好？」

貝利笑了，意味深長地說：「下一個。」他的回答含蓄幽默，耐人尋味，就像他的球技一樣精彩。

☻大智慧：

在邁向成功的道路上，每當實現了一個近期目標，決不能自滿，而應迎接另一個新的挑戰，應把原來的挑戰當成是新的成功的起點，應有一種歸零的心態，才永遠有新的目標，才能攀登新的高峰，才能獲得成功者無窮無盡的樂趣。

戒煙

人們請杜因先生戒煙，他臉上毫無難色，且很開心地說：

「戒煙是我一生中遇到的最容易的一件事情，不瞞諸位說，本人已經成功地戒過幾十回煙了。」

☻大智慧：

很輕易的能就完成一件原本就很困難的事情，這是讓人懷疑的。有時候，痛苦的過程才是取得勝利最好的證明。

林肯的「獨斷」

美國總統林肯，在他上任後不久，有一次將六個幕僚召集在一起開會。林肯提出了一個重要的法案，而幕僚們的看法並不一致，於是七個人便熱烈地爭論起來。林肯在仔細聽取其他六個人的意見之後，仍覺得自己是正確的。在最後做決策的時候，六個幕僚一致反對林肯的意見，但林肯仍固執己見，他說：「雖然只有我一個人贊成但我仍要宣佈，這個法案通過了。」

☻大智慧：

果斷，是不能由多數人來形成的。多數人的意見是要聽；但做出果斷的決策時，是由一個人來決定的。

萬念俱灰

一天深夜，一個年輕女子經過一家精神病院時，突然從後面傳來「哇」的一聲。女子轉頭一看，一個一絲不掛的男子正在向她追來。女子嚇得拔腿就跑，後面的男人緊追不捨。不好了，前面是一條死巷子，女子萬念俱灰，跪在地上哭著哀求道：「你想怎樣就怎樣吧！只求你不要殺我。」

男子狡黠地笑了笑說：「真的？那現在你開始追我。」

☻大智慧：

生活中，最常犯的錯誤是過早的主觀臆斷，最常見的失敗是無法堅持到底。放棄永遠是我們最大的敵人，因為放棄了之後幸運降臨的機率就更小了。

服從

列車長叫醒了一個睡在車窗旁的乘客。

「先生，你的車票呢？」

「車票？我沒有。」

「沒有？那麼你要去哪兒？」

「我哪兒也不去。」

「那你為什麼上這列火車？」

「我在車站遇到這列火車，聽到車上的廣播大聲叫喊：『請大家快上車，坐好！』於是我不得不走進車廂。」

☻大智慧：

一個人真正需要服從的是自己，而不是哪些來自於這個喧囂世界的聲音。

傳染

林肯非常討厭那些前來白宮嘮嘮叨叨，要求一官半職的人。一天林肯身體不適，但有一個傢夥賴在林肯身邊，準備坐下來長談死纏。正好這時總統的醫生走進房裡，林肯一面向醫生使眼色暗示，一面向他伸出雙手，問道：「醫生，我手上的斑點到底是什麼東西，我全身都有。我看它們是會傳染的，對嗎？」「沒錯，非常容易傳染。」醫生說。

那傢夥聽了，馬上站起來說：「好吧！我現在不便多留了。林肯先生，我沒什麼事，只是來探望你。」那傢夥走後，林肯在房裡笑得合不攏嘴。

☻大智慧：

科學家說：「任何事情都有解決的方法，我們需要做的是找到那個方法。」面對困難的時候，要有信心解決問題，而且要積極的去解決問題。

對話

時間：一九九六年十月。地點：加拿大紐芬蘭省海域內。事件：美國海軍與加拿大人對話。

美國人：請改變你的航道，向北偏十五度，以免相撞。

加拿大人語氣溫和：建議你向南改變航線十五度，以免相撞。

美國人語氣強硬：這是美國軍艦的艦長在說話。我再說一遍，改變你的航向。

加拿大人：我再說一遍，改變你的航道。

美國人怒：這是美國密蘇里號航空母艦，我們是美國海軍火力最強大的戰艦。命令你馬上改變你的航道。

加拿大人語調堅定：這裡是燈塔，我們不能改變航道。請回答……聽見沒有，喂喂，喂，……對話消失。

☺大智慧：

並不是任何時候強權都能取得勝利，如果你掌握了真理，請一定要相信自己。

各有所用

動物園裡的小駱駝問媽媽：「媽媽，媽媽，為什麼我們的睫毛那麼長？」

駱駝媽媽說：「當風沙來的時候，長長的睫毛可以讓我們在風暴中，都能看得到方向。」

小駱駝又問：「媽媽，媽媽，為什麼我們的背那麼駝，醜死了！」

駱駝媽媽說：「這個叫駝峰，可以幫我們儲存大量的水和養分，讓我們能在沙漠裡耐受十幾天的無水無食的日子。」

小駱駝又問：「媽媽，媽媽，那為什麼我們的腳掌要長得那麼厚？」

駱駝媽媽說：「那可以讓我們重重的身子，不至於陷在軟軟的沙子裡，以便於長途跋涉啊！」

小駱駝高興極了：「哇！原來我們這麼有用啊！！可是媽媽，為什麼我們還在動物園裡，不去沙漠遠足呢？」

☻大智慧：

天生我才必有用，可惜現在沒人用。一個良好的心態加上一本成功的教材，再加上一個無限的舞臺，它就等於成功。每人的潛能是無限的，關鍵是要找到一個能充分發揮潛能的舞臺。

雷根的雄心

雷根是美國歷史上年齡最大的一位總統，他曾多次巧妙地回擊了對手對他年齡的攻擊。他在公佈了自己已得了「老年癡呆症，來日無多」後，突然又一次出現在一個為共和黨競選的集會上，並說：「就目前而言，我恐怕不能競選一九九六年總統了，但這並不排除參加二〇〇〇年總統競選的可能性。」這時，全場起立，甚至連他的宿敵也為之鼓掌。

☻**大智慧：**

人不在年齡大小，只要有志向，照樣能夠做出一番轟轟烈烈的事業，正所謂「有志不在年高，無志空活百歲。」

雙雙跳河

深夜，一個男子走過滑鐵盧大橋，發現另一個男子站在橋欄上，正要跳下去。他一個箭步走過去，對欲尋短見的人喊道：「慢著，先別跳。來，我們喝兩杯去，有事慢慢說！」在酒吧裡，他倆談了一個多鐘頭，他們談到國事，談到通貨膨脹，談到家庭、人生……

過路的男子不僅沒有說服要自殺的男子，而且自己也覺得生無可戀，一起跳下河去了……

☻**大智慧：**

對於每個人而言，希望和失望總是相伴的，如果你不盡力用希望去克服失望，那就只有因失望而徹底絕望。

遲到

老師：你今天因為什麼遲到了？

傑克：因為我昨天是按時到校的。

老師：什麼？這是你遲到的原因？

傑克：您前天指責我：「你每天都遲到，這可不行！」所以我打算兩天遲到一次。

☺大智慧：

「錯誤」是從來都不會理虧的，而且還盡可能地佔有自己的地盤。

沒耐心

垂釣者：你在這兒已經看了三個小時了，你為什麼不自己試試？

旁觀者：我沒有這種耐心。

☻大智慧：

其實很多時候你有能力，但你卻意識不到它的存在。

謝絕

美國作曲家蓋神文是個很謙遜的人。他聞名遐邇，可是他仍然想跟義大利作曲家、《茶花女》的作者威爾第學作曲。他遠渡重洋，來到歐洲，去拜訪威爾第。威爾第見到蓋神文後，虛心地謝絕說：「你已經是第一流的蓋神文了，何苦還要成為第二流的威爾第呢？」

☻大智慧：

要做就做最好！人不可能是全才，「聞道有先後，術業有專攻」，只要你在某一方面比較優秀，你就是一個成功的人，何必求全責備呢？

招婿

國王要選駙馬，方法是參選者只能參加一次比賽，勝者可娶到他的女兒，並可獲得一筆可觀的財富。

比賽那天，所有參選的未婚男子都被帶到一個放滿鱷魚的水池旁。國王先讓人把一頭獅子放到水池中，不一會兒，獅子被鱷魚吃得只剩下幾塊骨頭。國王此時高聲說道：「我會把女兒嫁給第一個游過去的人！」

突然，「啪」的一聲，一個青年跳進水池，他以飛快的速度游到了對岸。

當他爬上來後，國王非常高興地走過去，恭賀他說：「好有魄力，你一定很想娶我的女兒。」

「是的！」這個臉色蒼白，但幸運的青年氣急敗壞地說：「我現在要知道的是，剛才是哪個混蛋把我推下去的！」

☺大智慧：

英雄總是在特殊的條件下產生的。

轉彎了

父子倆住山上，每天都要趕牛車下山賣柴。老父較有經驗，坐鎮駕車，山路崎嶇，彎道特多，兒子眼力較好，總是在要轉彎時提醒道：「爸爸，轉彎啦！」有一次父親因病沒有下山，兒子一人駕車。到了彎道，牛怎麼也不肯轉彎，兒子用盡各種方法，下車又推又拉，用青草誘之，牛一動也不動。到底是怎麼回事？兒子百思不得其解。最後只有一個辦法了，他左右看看四下無人，他貼近牛的耳朵大聲叫道：「爸爸，轉彎啦！」

牛應聲而動。

☻大智慧：

牛用條件反射的方式活著，而人則以習慣生活。記住，人和人之間差別並不是很大，優秀只不過是一種習慣。

感謝醫生

醫生微笑著看著病人：

「今天，您看上去要比上次好多了。」

「是的，大夫。這多虧了您開的藥。」

「怎麼說？」

「為了要打開它我左擰右撬，弄得渾身冒汗，最後也沒有把藥瓶打開。」

☻大智慧：

請相信，有時困境反而能帶給你不一樣的收穫。

潛水

「柯爾，你是在什麼時候學會這麼漂亮的潛水的？」

「那是去年在海邊，當我突然看到岸上的一個人，正是我的債主的時候。」

☻大智慧：

當人對身外之物的追尋甚於自身的時候，有時反而能幫助他超越自己。當然，如果可能，但願這種追尋能夠更高尚一些。

只寫動物

「為什麼您只寫動物？」有人問一位作家。

「因為動物不會讀。」作家答。

☻大智慧：

沒有自信的表達，才會懼怕必要的回應。

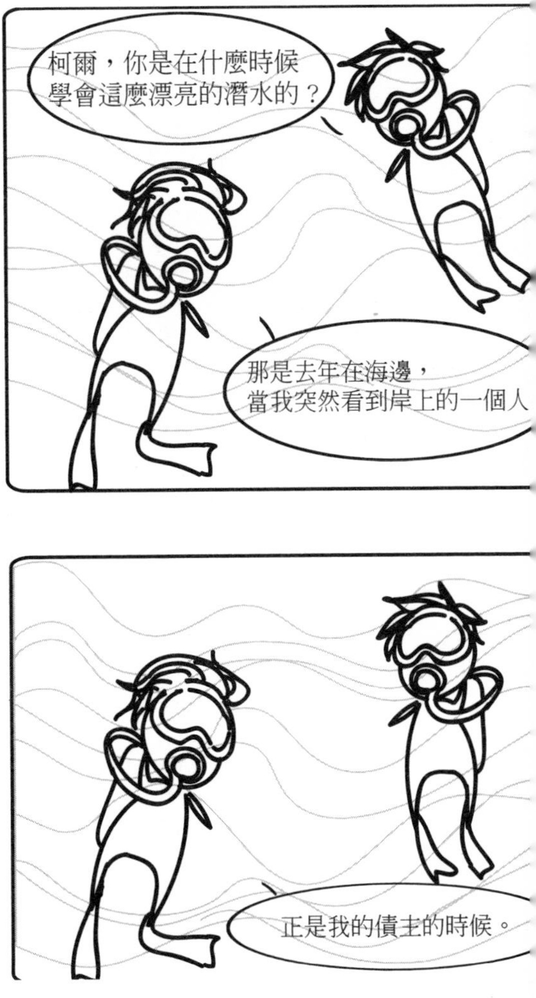
柯爾，你是在什麼時候
學會這麼漂亮的潛水的？
那是去年在海邊，
當我突然看到岸上的一個人
正是我的債主的時候。

謝謝經理

「你知道嗎？史密特，昨天夜裡，我在夢中看見了你……」

「是嗎？經理，太感謝您了……」

☺大智慧：

自認為卑微的人，其實只是把別人看得太過高貴罷了。

扯自己後腿

喬治．費多是法國著名的戲劇家，他成功地創作了許多喜劇，但在他剛開始創作時也曾受到觀眾的冷落。

在一個蹩腳的首場演出的晚上，費多混在觀眾當中，和他們一起數落叫罵。

「你瘋了嗎！」一個找到他的朋友對他說。

☺大智慧：

「這樣我才聽不見別人的罵聲，」他解釋說，「也不會太傷心。」

人生多波折，不怕對自己產生懷疑，最怕的是再也沒有前進的動力。

智逐無賴

一家公司剛開張，需要一批會計人員，於是登了廣告。當天就來了一個自稱會算帳的人，但一測驗他在會計方面什麼也不懂。

經理不悅地說：「既然如此，你為什麼還要來應聘？」

那人面無愧色的說：「我想，我大概能做點謀劃策略之類的事。」

經理馬上說：「那好，你現在就給我出個主意——怎樣趕走你？」

☻大智慧：

不要做你不懂的事。沒錯，就是要從你懂的事做起。如果你在自己熟悉的領域裡打穩基礎，你還用愁將來在別的地方學不會嗎？

鶴

有小鳥問：最近總是很少見到你淩空飛翔，這是為什麼呀？

鶴答：你沒看見我正在抓緊時間，練習走台步嗎？我這雙又長又細的美腿，是當今女孩最羨慕的指標。

大智慧：

每個人都是獨一無二的，都有別人無法能比的長處。

小幽默大智慧

第四章

笑談競爭合作與雙贏

「同行」

薩拉．貝茵哈特是位很迷人的法國女演員，她的臺下形象和臺上形象一樣充滿戲劇色彩。她大膽、活潑、做風開放不拘小節。因而也常受到衛道人士們的攻擊。

在美國，就有一位傳教士咒罵貝茵哈特是個「邪淫的小惡魔，從現代巴比倫派來腐蝕、污染新大陸的妖女。」

貝茵哈特聽說此事後，很溫和地寫了一封信給那位傳教士，上面工整地寫道：「親愛的同行，不知您為什麼要如此猛烈地攻擊我？一個演員是不應該讓另一個演員太難堪的。」

☻大智慧：

為什麼要在災難來臨的時候，人們才可以親如兄弟，一旦危險不復存在，愛與寬恕又被重新封閉，爾虞我詐又開始盛行呢？

雞的本事比你高強

一位舞蹈家對一個斯巴達人誇耀說：「你的本事沒我強，你做金雞獨立這一招的時間沒我長。」

這個斯巴達人回答說：「這倒是真的，可是任何一隻雞的本事都比你強！」

☻大智慧：

要想真正顯出自己某一方面的優點，只有選擇和那些能夠與你做比較的人站在一起。

狙擊手

一次戰爭中，將軍為了激勵士氣，就到前線去。

前方的士兵跟將軍報告說：將軍，前方二十米的石堆中有一個狙擊手，不過他的槍法很爛，這幾天開了好多槍都沒有命中任何人！

將軍聽了很生氣地說：既然發現狙擊手，為什麼不把他幹掉？

士兵說：將軍，你瘋了嗎？難道你要讓他們換一個槍法比較準的嗎？

大智慧：

「執者，失之，為者，敗之。」有時候，消極無為未必是件壞事情，以退為進，也許會有意想不到的效果。

紐芬蘭人

你知道嗎？紐芬蘭人油漆籬笆要動用三個人。為什麼？因為一個人握住油漆刷子，另外那兩個人得抬著籬笆上下左右移動。

還有，紐芬蘭人換燈泡也要三個人，一個人站在椅子上抓住燈泡，另外那兩個人必須抬著椅子轉。有一次，有一個紐芬蘭人雇來專家，把他的房子整棟向左移動了一米，你知道為什麼嗎？因為他的晾衣繩不夠長。

大智慧：

我們總覺得自己處理事情時聰明俐落，那是因為沒有和別人做比較。我們覺得別人愚蠢，那是因為我們總是看不到自己的短處。

相等性原理

某一大飯店的經理在大廳外散步時，遇到了一位愁眉不展的擦鞋匠。飯店經理走過去用手拍拍擦匠的肩膀，安慰他說：「嗨，我說朋友，何必這樣悲觀，我年輕的時候也曾給人擦過皮鞋，可是你看看，我現在卻是這個大飯店的經理了。所以你應該積極地與這個社會競爭。」

擦鞋匠望著這位得志的經理回答道。「哎！我原本是個大飯店的老闆，可是現在卻在這裡給人擦皮鞋。這就是因為社會自由競爭的緣故。」

☻大智慧：

經理和擦鞋匠的對話道出了這樣一個深刻的道理：就像天平的兩頭，一邊高，那另一邊就會低。在這個自由競爭的社會裡也是如此：有人能力高，他理所當然往上爬；有人能力低，那他必定會被社會所淘汰。如果你想要在自由競爭的社會裡，成為天平偏高的那一頭，那麼你就必須增加自身的砝碼。

胸罩送給盯梢者

在一次電影招待會後，美國喜劇女影星霍莉蒂發現自己被一個好色的製片商盯梢了好長的一段時間，最後，她從容不迫地從衣服裡抽出胸罩，轉身把它遞給那個被震驚的盯梢者：「喂，給你，我想這是你想要的東西吧！」

☻大智慧：

你越是躲避，越是掩飾，別人就越是得寸進尺。還不如大膽一擊，把對方打個措手不及。

遇到老虎急換鞋

兩個人在森林裡，遇到了一隻大老虎。

甲就趕緊從背後取下一雙更輕便的運動鞋換上。

乙急死了，罵道：「你在幹嘛呢！換上再好的鞋子也跑不過老虎啊！」

甲說：「我只要跑得比你快就好了。」

☻大智慧：

市場競爭，適者生存，不適者淘汰，哪還容得你止步不前？

在陰涼處作戰

西元前四八〇年，斯巴達國王萊奧尼達斯，率領斯巴達三百名勇士在色摩比利山與波斯的軍隊進行最後的決戰。

波斯派了一位使者來到斯巴達，想勸萊奧尼達斯放棄對抗。「我們的士兵是那麼的多，我們的箭齊飛起來都能遮蔽太陽。」使者誇口說。

「越多越好！」斯巴達國王答道，「到那時我們就可以在陰涼處作戰了。」

☻大智慧：

打仗要打出士氣來，人生要活出精神來。以苦為樂，對敵人是最大的威脅。

老四

法庭上，一對夫妻要離婚，但他們有三個孩子。

妻子說：「兩個跟我，一個跟你。」
丈夫說：「不，兩個跟我，一個跟你！」
他們就這樣一直吵了好幾個小時。法官不耐煩了，讓他們快點達成協定。
最後妻子忍不住，她說：「回家去吧！等一年後生下老四的時候再來離婚！」

☺大智慧：

在追求公平的道路上，有時候我們寧可妥協於另一種生活。我們以為這只是一時的，它可以讓我們逐漸接近公平，可是卻可能在妥協的生活中，忘記了最初的堅持。

公平

一位法官對自己的摯友說：「請你想像一下，我們這裡營私舞弊泛濫到何等地步！前天，就在訴訟程序剛要開始時，被告的辯護律師轉送給我一千美元。你想想看，怎麼能這樣呢？

過了一會兒，受害者的辯護律師也硬塞給我一千二百美元。可是我並不是那種在訴訟過程中，會昧著良心偏袒一方的人。所以，為了做到完全無偏見，我又歸還受害者二百美元。」

☺大智慧：

在很多時候，我們所經歷的公平，很可能是以我們已經被剝削為前提的。這種公平早已經是變質的公平了。

生與死

當一個年輕人得知與他交談的這個人是個劊子手時，他忿恨不平地說：

「你整天都想怎麼把人殺死，難道你就不會覺得內疚嗎？」

「那你說怎麼辦？」劊子手嘆著氣說，「我總需要過生活啊！」

☺大智慧：

有的人來，有的人去，有些人失去的機會往往是為另外一些人提供了希望，這也是一種平衡法則吧！

招聘

一條狗在街上閒逛，看到櫥窗裡貼著一張告示：「招聘文書人員。會打字，懂電腦，精通兩種語言，機會均等。」狗很高興地進去領申請表，結果被拒絕了。

「我不能雇傭一條狗在公司裡做事。」經理說。

狗不服氣，指著徵人啟示上的「機會均等」幾個字抗議。經理沒有辦法，歎了口氣問道：「你會打字嗎？」那條狗默默地走到打字機前，準確地打了一封信。

「你懂得用電腦嗎？」經理問。那狗坐在一台終端機前面，編了個程式，運行準確。

「我真的不能雇狗做這份工作」，經理氣急敗壞地說：「就算會打字，懂電腦，但是我需要的文書人員要能說兩種語言。」

那條狗抬頭看著經理說：「汪汪，是嗎？」

☻**大智慧：**

所謂的「機會均等」有時候只不過是人的一種理想，不可能完全徹底地貫徹到底。人一出生，其實就已經站在了不同的起跑線上。但是，「機會均等」儘管不容易實現，我們仍然要去追求，去倡導，不能因為不容易實現就不去努力，更不能由於主觀的偏見而造成更多的障礙。

生存與競爭

老鼠媽媽帶著一群小老鼠大步走過廚房地板，這時突然跳出一隻貓來。

貓叫：喵嗚！喵嗚！

老鼠媽媽也回叫：喵嗚！喵嗚！被弄糊塗的貓走了，老鼠媽媽對牠的小老鼠們說：你們看，我沒說錯吧！我告訴過你們多學一種外語總是有用的。

☻**大智慧：**

這是一個競爭激烈的時代，需要多元化能力的人才。只有這樣的人才能在競爭中立於不敗之地。

高興得太早

有一男子將被徵召入伍，軍方醫院的眼科醫生幫他做視力檢查，男子邊接受檢查邊說自己是個大近視。

檢查完畢，大夫說：「是的，你說得對，你是個大近視。」

男子聽到這句話非常高興。「偉大的醫生，那麼我可以免服兵役了嗎？」

大夫搖搖頭說：「不……我寫上了可參加肉搏戰。」

☻大智慧：

生活是公平而嚴厲的，機會也是無處不在——我們的一味矯情和拈輕怕重，只不過是蒼白無力的辯解，還是用強悍的精神去追求成功疆野的里程碑吧！

我就是那一大批人

美國第二十七任總統威廉．霍華頓．塔夫托，曾經因為搭不上火車而被困在一個鄉村的火車站，為此他一籌莫展。曾經在一個很湊巧的機會裡，他聽說如果有很多人想上車，快車也會在小站停。

不久，列車調度員收到一份電報，說在希克斯維爾有一大批人等著上車。當快車在希克斯維爾停住時，塔夫脫孤身一人上了車，並向迷惑不解的列車員解釋說：「可以開車了，我就是那一大批人。」

☻大智慧：

如果想改變既定的事情，你必須借助群眾的力量；同樣的，你如果想降低行為的風險性，也必須「躲」在人群裡，因為「法不責眾」。一個人孤軍奮戰會使你的風險係數大大提高。

莫管它漏水

有一次，一條渡船過河時，船身突然撞上了礁石。河水不斷地湧進船艙裡，旅客們驚慌失措。唯有一位先生沒事似的坐著不動，並且譏笑眾人大驚小怪。

「用不著急嘛！關我們什麼事，」那人說，「莫管它漏水！船又不是我們的。」

☻**大智慧：**

唇亡齒寒，戶破堂危。只顧及自己的利益，早晚會失去自己的利益。只有合作才能達到雙贏的效果。

買鞋

一個人走進菸酒專賣店。他對店老闆說：

「請幫我拿一雙四十二號的男鞋。」

「對不起，先生。我們這裡只出售與菸酒有關的東西。」

「可是，你也應該要想到，抽煙喝酒的人也不能光著腳走路啊！」

☻**大智慧：**

不要試圖想走過一個地方就能發現所有，不要以為單單你一個就能找到全部。

鞋襪的訴訟

有一個人的鞋襪俱破，鞋歸咎於襪，襪亦歸咎於鞋，它們互相訴訟。法官無法定奪，就請腳跟來作證。腳跟說：「小的一向被逐出在外，哪裡知道這事的原由？」

大智慧：

面對問題卻相互推諉，這不但不利於事情的解決，反而會牽連出更多的麻煩。

五官的對話

晚上，勞累的雙腿在歎氣：「我整天撐著沈重的身子，東奔西跑，有誰同情我？」

這時，雙手一攤說：「我每天忙個不停，一無所獲！」

鼻子責怪地說：「都怪眼睛和耳朵，他倆若不看，不聽，我們就不會那麼累了。」

眼睛和耳朵大怒的說：「我們若什麼都不做，你們就都成了殘廢；其實最清閒的是臉！」

☻大智慧：

在強調自己重要性的同時，千萬不要忘記——如果沒有他人，你將寸步難行。

激勵

農夫正驅趕著一頭驢子耕田。

「加油啊！布魯諾。走吧！魯迪。往前拉！奧斯卡。再撐一下！喬。」

一位過路人問道：「那頭驢子到底叫什麼名字？」

「彼得。」農夫回答。

「那就奇怪了。你剛才不是叫了一些完全不同的名字嗎？這是怎麼一回事呢？」

「是這樣的。」農夫說道；「這頭驢子不知道自己有多大的能耐。於是，我就瞞著這傢夥，叫出許多名字。那麼，牠就會覺得『有這麼多驢子來幫忙』而安心的耕田了。」

☻大智慧：

人們強調團隊作用的原因之一，就是體會到了合作能給大家一種相互分擔、共同面對的感覺。只要大家齊心協力，再難的事情也不必害怕。

決鬥

九歲的亞倫鼻子流著血從操場跑回來，他的眼圈黑黑的，衣服也破了。很明顯的他打了架而且輸了。當父親幫兒子包紮傷口時，問他發生了什麼事。

「爸爸，」亞倫說道。「我向阿里挑戰進行決鬥，我讓他先挑選武器。」

「嗯，」父親說道，「那樣看上去比較公平。」

「我也這麼認為，但是我沒有想到他會選擇他的姐姐！」

☻大智慧：

一個人孤軍奮戰，永遠也趕不上兩個人並肩作戰。合作，並不是「一加一等

於二」式的簡單相加，而是一種組合，是優勢和資源的重新組合和調配，它所形成的是一種合作的力量。

我向阿里挑戰進行決鬥，我讓他先挑選武器。
那樣看上去比較公平。

但是我沒想到
他會選擇他的姐姐！

小幽默大智慧

第五章

笑談商業經營與致富

顧客永遠正確

商店的經理正在斥責他的一個售貨員。

「我看見你在和一位顧客爭吵，」他非常生氣地說。「你不記得了，在我的店裏顧客永遠是正確的。你懂了嗎？

「是的，先生，」售貨員說。「顧客永遠是正確的。」

「你剛才為什麼和他爭論？」

「噢，先生，他說您是個白癡。」

☺大智慧：

「顧客是上帝」這永遠是經營者的信條。

富翁投宿

約翰．洛克菲勒是世界有名的大富翁，可是他在日常開支方面很節省。

一天，他到紐約一家旅館去投宿，要求住一間最便宜的房間。

旅館的經理說：「先生，你為什麼要住便宜的小房間呢？你兒子來住宿時，總是挑最豪華的房間呀？」

「沒錯，」洛克菲勒說：「我兒子有個百萬富翁的父親，可我沒有呀？」

☺大智慧：

只有自己經歷過創業之苦，才懂得節省的道理，才懂得創造的艱辛和財富的來之不易。

比爾蓋茲的女婿

一位優秀的商人傑克，有一天告訴他的兒子。

傑克：我已經決定好了一個女孩子，我要你娶她。

兒子：我自己要娶的新娘我自己會決定。

傑克：但我說的這女孩可是比爾蓋茲的女兒喔。

兒子：哇！那這樣的話……

在一個聚會中，傑克走向比爾．蓋茲。

傑克：我來幫你女兒介紹個好丈夫。

比爾：我女兒還沒想嫁人呢！
傑克：但我說的這年輕人可是世界銀行的副總裁喔！
比爾：哇！那這樣的話……
接著，傑克去見世界銀行的總裁。
傑克：我想介紹一位年輕人來當貴行的副總裁。
總裁：我們已經有很多位副總裁，夠多了。
傑克：但我說的這年輕人可是比爾蓋茲的女婿喔！
總裁：哇！那這樣的話……
最後，傑克的兒子娶了比爾．蓋茲的女兒，又當上世界銀行的副總裁。

●大智慧：

在今天這個社會，所謂的「空手套白狼」已經不是癡人說夢。資源才是最重要的，一個人如果能夠讓彼此需要對方的資源結合在一起，那麼，他就是一個高明的經營者，儘管他自己一貧如洗。

方法各異

產品銷售會上，銷售額極其令人沮喪，經理就對我們業務訓斥道：「我已經看夠聽夠了你們拙劣的工作水平和理由。如果你們無法勝任這項工作，會有人替代你們，賣出這些你們每個人都應引以為榮的有價值的產品。」然後，他對新雇員——一名退役足球隊員說道：「如果一支足球隊贏不了，會怎麼樣？隊員們都得被撤換掉，不是嗎！」幾秒鐘沈默後，這名前足球隊員回答道：「實際上，先生，如果整個隊伍都有麻煩的話，我們通常只是換個新教練。」

☺大智慧：

對於一個團體來說，如果事業遇到了挫折，確定問題和承擔責任往往是分開的。有問題的未必承擔責任。有時候，換一個主管並不是說這個主管有很大問題，而是要轉移一下矛盾罷了。

狗咬酒酸

某「經理」，開一酒店，起初生意興隆，獲利甚豐。後酒店偶然失竊，「經理」怒火中燒，便養了一條惡狗看門。該狗自進酒店，天天養尊處優，深感主恩浩蕩，無以為報，唯恪盡職守，見人就咬，將大門守得固若金湯，始覺沒辜負「經理」一番「栽培」美意。此後，果不再有一針一線丟失。不料數月過去，「經理」發現，雖無失竊之虞，店中所存的幾缸老酒卻都發了酸，正應了「造酒缸缸好造醋——壇壇酸」那句話。「經理」大惑，請鄰居一長者省視。長者不假思索，即手書五個大字送之：「狗咬酒酸也」。

大智慧：

有道是家有梧桐樹，招來金鳳凰，家是大糞場，招來屎殼螂，雖有民諺說「好酒不怕巷子深」，事實上「茅臺也怕惡狗咬」。做人如此，做事亦如此。

廣告

法國一家瓷器製造廠針對有些家庭夫妻為瑣事爭吵而砸碗摔碟，別出心裁地在推銷產品的廣告上宣稱：「為了您家庭的和睦，使勁摔吧！切莫因小失大。」法國香水製造公司推銷某一新產品的廣告詞：「我們的新產品極易吸引異性，因此隨瓶奉送自衛教材一份。」

☻大智慧：

準確的定位和煽動性的廣告語是產品暢銷的保證。

借鑑

酒館經理正因生意不好而一籌莫展。一天，他偶然到一家書店買書，見書店牆上貼著大橫幅：「為好書找讀者，為讀者找好書。」他眼睛一亮，立即奔回家，叫人寫了一條大橫幅，貼在酒館正面牆壁上。第二天，店門口圍了不少人指指劃劃，原來橫幅寫的是：「為好酒找酒鬼，為酒鬼找好酒。」

☺大智慧：

人說，一個好點子可以救活一個企業，一個好名字可以興旺一個地方。記得北京有個茶館叫「朋來先敬」，很是印象深刻，學會從知識中借鑑，也是生財之道。

領帶的問題

某人在沙漠中行進了大半天，口渴得直冒煙。在他快要走出沙漠時，遇到了一位推銷員。後者勸他買一條領帶。

他說：「你行行好吧，我渴得連襯衫都想撕開了，還買什麼領帶！」推銷員討了個沒趣便走開了。這個可憐人總算在沙漠邊上的一個小鎮上找到了一家酒吧，他急不可待地要衝進去。

於是他對門口的侍者說：「快給我點什麼喝的吧！」他的喉嚨都快枯啞了。

「對不起，先生，不打領帶者是不許進入的。」這個侍者很有禮貌地拒絕了他的要求。

「什麼！……」

☻**大智慧：**

生活中的我們都會遇到領帶的問題，不過不是這麼極端而已。短期效應和長期需求本身就是一個需要平衡的問題。其實，夏賣冬裝，冬賣空調，精明的商家一直在挖掘我們對未來的預期。

忍耐十五分鐘

林肯的妻子瑪麗・陶德・林肯做了總統夫人之後，脾氣愈來愈暴烈。她不但隨意揮霍，還常對人大發淫威，一會兒責罵做衣服的裁縫收款太多，一會兒又痛斥肉鋪、雜貨店的東西太貴。有位吃夠了瑪麗苦頭的商人找林肯訴苦。

林肯雙手抱肩，苦笑著認真聽完商人的訴說，最後無可奈何地對商人說：「先生，我已經被她折磨了十五年，你忍耐十五分鐘不就完了嗎？」

☻**大智慧：**

人的感知是有範圍的，而且是有比較的。有時候，給一個明顯的比較對象，然後再樹立一個小小的請求，這樣的博弈總是能讓吃虧者覺得占了巨大的便宜。這就是為什麼商家在打一折之前大幅度提高商品價格的原因了。

餵豬罰款

某縣一農民，天天餵豬吃餿水，結果被「動物保護協會」罰了一萬元——因為虐待動物。後來，農夫改餵豬吃天山雪蓮，結果又被「動物保護協會」罰了一萬元——因為浪費食物。

有一天，稽查員又來視察，問農民餵什麼給豬吃。

農民說：「我也不知道該餵什麼才好了，現在我每天給牠一百塊錢，讓牠自己出去吃。」

大智慧：

過多的約束總是適得其反，有時候，我們必須學會「分寸」的掌握。

水道裏的金幣

一個小孩去給父親送飯，路上看到一個工人在清理下水道，好奇地停住腳步說：「前幾天，我哥哥的一塊金幣就是從這裏掉下去的。」

工人的眼睛頓時一亮，故意漫不經心地說：「孩子，快去送飯吧，等一會兒飯要涼了。」

父親吃完飯後，小孩拎著空飯盒回家，看到工人還在下水道裏渾身大汗地翻動著泥水。見到小孩回來。工人直起腰問道：「金幣肯定是從這裏掉下去的嗎？」

「沒錯，」小孩說，「第二天我爸爸就是從這裏掏出來的。」

☺大智慧：

掌握越全面的資訊，吃虧的機會就越少。

花的作用

一個小夥子送一束鮮花給他的女友，女友見了一時高興，抱著他就吻，他連忙掙脫向外就跑。

「什麼事！」女友不解地問。

「再去拿些花來。」他說。

☺大智慧：

如果小的成本能得到更多的回報，這樣的事情就會被一再執行。

反正賠不起

克雷洛夫生活很貧寒。一次，他的房東與他簽訂租契。房東在租契上寫明，假如克雷洛夫不慎引起火災，燒了房子必須賠償一萬五千盧布。克雷洛夫看後，沒提出異議，而提筆在一萬五千後又加上兩個「零」。房東一看，驚喜地喊道：「怎麼，變成一百五十萬盧布！」

克雷洛夫不動聲色地回答：「反正我也賠不起。」

☺大智慧：

正如經濟學中的邊際效應理論，是指超過一定的限度，更多的投入只能得到更少的產出。這個理論同樣適用其他方面。

別出心裁的廣告

英國著名小說家毛姆雪成名之前，生活非常貧困。雖然寫了一部很有價值的書稿，但出版後無人問津。為了引起人們的注意，毛姆別出心裁地在各大報刊上登了如下的徵婚啟事：「本人喜歡音樂和運動，是個年輕又有教養的百萬富翁。希望能和毛姆小說中的主角完全一樣的女性結婚。」

幾天之後，全倫敦的書店，都再也買不到毛姆的書了。

☺大智慧：

為一個東西做宣傳未必一定要以這個東西為主角，有時候需要「明修棧道，暗渡陳倉」。

貴蛋

「這可真是胡要價！一個雞蛋竟要五十美元。」

「先生，可您不知道，我那隻母雞下這個蛋整整用了一天的時間呵！」

☺大智慧：

很多時候很多東西不是以時間來計算成本的，所以說提高效率才是根本。

任意鍵

康培公司最近要更改他們的產品說明書。這讓人不解。「我們實在無法忍受每天打來的電話，尤其是家庭主婦的抱怨。他們總是問我們在說明書『上』說的任意鍵在哪裡，他們總是找不到可按下的地方；還有一個從法國獲得法學博士學位的律師，他說我們在誤導顧客。」公司的負責人解釋道。

☺大智慧：

消費者永遠是生產商的上帝，他們有權不理解商品生產者自認為所有人該理解的詞語。

心理作戰

鬧市中一家婦女用品商店門口，堆了一大堆散亂的貨品，女顧客翻來翻去，如獲至寶地找出她們需用的物品。

有人問老闆，何不把商品堆疊整齊。老闆回答：「你以為我瘋了？如果我把店面用品都弄整齊，那些婦女就不會對這些用品發生興趣了。」

☻大智慧：

人對未知領域的關注度比已知領域要高得多，提供讓人主動探求的環境比安排供人享受的便利更能獲得商機。

狗的暗示

皮貨商瓊來到公爵的宅邸。他看見有隻大黃狗躺在門口一動也不動，於是站住想一想，然後轉身便走。

「喂，先生，」門房看見他後忙喊道，「我們的狗是從不咬人的，您為什麼要走呢？」

「我想，」瓊轉過身來，慢吞吞地說，「狗既然不向我叫，這說明牠早已對我這樣的商人的鬍子和捲髮習以為常了。這就意味著其他的商人常來這裏……既然這樣，我還有什麼生意可做呢？」

☻大智慧：

環境透露的無形訊息量往往先一步決定人的意識、看法和行為，哪怕是一個小小的細節，善於觀察的人更容易做出正確的決定。

珠寶商

費尼克斯的一位珠寶商採取了這樣一項政策，即每位購買物品的新顧客被要求留下姓名和地址，珠寶商將親自以個人名義給這些顧客寫一封致謝信。

一天，這樣的一封致謝信引來了如下的一封回信。「我感謝你的答謝。不幸的是，我的妻子打開了你的信。而那條金項鏈我是為我的女祕書而買的。請問，你那裏能買到使婚姻破鏡重圓的解藥嗎？」

☻大智慧：

並非所有體貼入微的關懷都可以取得預期的效果，用沈默給別人留些隱私的空間往往比刻意的高調宣揚更容易被接受。

一隻家鴿致意

在一位記者的堅持下，富人終於決定說出他成功的祕密。

「我是賣家鴿起家的。」他說。

「是嗎？」記者非常驚訝，「開始賣時有多少鴿子？」

「只有一隻，」這位百萬富翁回答，「但牠不斷地飛回來。」

☻大智慧：

資源的貧乏有時並不是你面對的最大困難，懂得如何巧妙的使用它，同樣可以讓有限的資源做最大限度的增值。

信守合同

一個加布羅沃人在一家銀行的門口擺攤賣水煮的玉米，他的玉米十分新鮮，前來購買的主顧很多，因此不久便積攢下了相當可觀的一筆財產，他的一個熟人聽到這消息後，特地跑來，想從他那裏借一筆錢去做買賣。

賣玉米的對那個熟人說道：「太對不起了，這事本不成問題，我的朋友。不過當年我開始在這裏設攤的時候，便已跟這家銀行訂下合同：彼此絕不做殘酷的商業競爭。也就是說，銀行不賣水煮玉米，我也決不經營貸款業務，我怎能不信守合同呢？」

☺大智慧：

以誠為盟，以信謀事。在商業競爭中，「誠信」是雙保險，既可保護對方的利益也可以使自己不受侵害。

打賭

有個下士，因為好賭，上司便把他調走。他來到新的駐地報到，將原上司寫的字條交給了新上司。新上司見紙條寫著「此人好賭」幾個字，就問他；「你這樣好賭，賭什麼呀？」

下士說；「我什麼都賭，比如現在，我頭一次見到您，但我敢說您右臂下有塊胎痣。如果真的沒有，我輸您五百元。」新上司聽了，連忙把上衣脫掉，舉起右臂，笑著對他說；「你仔細瞧瞧，我哪來胎痣？快拿錢來！」下士立即打開箱子，拿出五百元交給新上司。

當天，這位新上司見到了下士的原上司，得意洋洋地對他說：「你那個好賭的部下，一到來就被我修理了一下，輸給我五百元哩！」原上司沒好氣地答道；「你太自信啦．傻瓜！那賭鬼臨走時跟我打賭二千元，說一見到你，就要你打赤膊。哼，就是你使我輸去了二千元呀！」

☻**大智慧：**

從古至今，聰明的商人總是善於「捨小利，求大利」。由此可證，這位「吃小虧占大便宜」的下士還真是挺適合去做生意的。

訣竅

餛飩店的隔壁，開設著一家飲料店。餛飩店的老闆做生意怎麼也做不過飲料店。餛飩店老闆向飲料店老闆請教：

「老弟，你飲料店生意為什麼會這樣好？這裏有什麼訣竅？」

飲料店老闆笑著說：

「老兄，如果你餛飩裏再多放一點鹽，我的生意將會更加興隆。」

☻大智慧：

看來，要發大財，要做一個真正的企業家，必須要做個有心人，要學會在「藏寶圖」中尋找別人一直所忽視的那塊地方。善於發現、敢於探索，才是真正的生財之道。一些司空見慣的小東西很有可能就是你的財源所在，關鍵看你是否處處留心那些需求的所在。

一枚硬幣

李嘉誠非常有錢，有一次他去酒店，車一停，門童趕快跑上來開了門，李嘉誠一轉身給了他五十港幣小費。但就在掏錢的同時掉了一個一塊錢的硬幣，那個硬幣咕嚕咕嚕滾到了很遠的地方，李嘉誠不顧眾目睽睽，一路小跑過去，把那枚硬幣撿起來，放進了口袋裏。在場的人都覺得很納悶，這個億萬富翁竟然連一個小硬幣也不放過。

☺大智慧：

李嘉誠並不缺那一枚小硬幣，只不過他養成了節儉的習慣而已。一個成功的人其實沒有非常過人之處，但往往有非常好的習慣。

刀殺水氣

一家即將開業的酒店，請人書寫賣酒的招牌。那個人寫完後，又在招牌上畫了一把刀。主人覺得很驚奇，問道：「您畫這把刀幹什麼？」

那個笑著說：「我想讓這把刀來殺殺酒裏的水汽。」

大智慧：

「無商不奸」的說法由來已久，寫字人提醒得好——為商之道最基本的是講信譽，若一味見利忘義失了信譽，同時也失去了立足的根本。

老闆上當

一位老闆去他的工廠查看情況。他走到門前時發現有個人靠著牆悠閒地喝著酒，他非常生氣，便問年輕人：「你一天能賺多少錢？」

年輕人回答：「八十元。」

老闆扔給他八十元說：「你走吧！永遠別再回來。」

一會兒，工頭走過來問老闆：「剛才那個送貨的去哪了？」

大智慧：

在做一個決定前最好先想三秒鐘。所謂衝動是魔鬼，人往往易受表像的影響。商海沈浮變幻，聰明人往往更加沈靜穩重。

多餘的教誨

某酒店經理質問服務員：「我平時就告訴你們結帳時要多留意，剛才那個胖子說要五瓶啤酒，而你卻給了他六瓶。」

「但是我收了他七瓶的錢。」

☺大智慧：

當你知道迷惑時，並不可憐，當你不知道迷惑時，才是最可憐的。不要總想佔便宜，因為結果往往適得其反。

男孩的報復

一個靦腆的男孩子獨自坐在酒吧飲酒。這時走進來一個氣質高雅、身材窈窕的美麗女郎坐在他不遠處獨自飲酒。

男生很想認識她，但又感羞澀。終於再三自勵，鼓起勇氣。走到女郎面前，低聲問她，「我可以請你喝杯飲料嗎？」

美麗女郎像被毒蛇咬了一樣，倒退一步，大聲說道，「啊，我是不會跟你睡覺的！」

周圍人都把目光投向面腆男孩，他羞得無地自容，退回原處。

過了一會兒。女郎走向他，低聲對他說。「對不起，我是心理學的研究生，我剛才是想看一下人在極度尷尬情況下會有什麼反應！」

男生後退一步，大聲驚呼：「什麼，你要兩百美元，太貴了！」

☻大智慧：

當商機來臨時，就像面對心儀的女子一樣，要勇於把握機遇，及時出擊；而面對多變的形勢，則要有靈活的頭腦和敏銳的思維，機智地應對，將主動權掌握到自己手裏，就等於掌握了打開寶庫大門的鑰匙。

減肥

書店裏，一位肥胖婦人問店員：「年輕人，有賣減肥的書嗎？」

店員掃視書架，取下《怎樣增加您的體重》一書遞了過去。

「哎呀，你這不是惡作劇吧！」婦人火了。

「不，不，」店員認真解釋，「您把書本上說的方法反過來去做，就會瘦下去了！」

☻大智慧：

逆向思維往往是大多數人所缺乏的東西，然而逆向思維卻又常常產生意想不到的效果。事物總有它的兩面性，就看你怎樣對待它。市場不要求你一定按常規出牌，在遵紀守法的大前提下，只有賣出貨物，賺取利潤才是硬道理。

賺錢有術

兩個朋友偶遇。一位說：「你現在這麼富有，是從哪兒賺到的錢？」

另一位說：「簡單之極，我和一個有錢人結成了合作夥伴：他有錢，我有賺錢的經驗。」

「那麼後來呢？」

☻大智慧：

「後來自然是我有了錢，他有了賺錢的經驗。」

智慧即是無形資產，無形的好點子可以化為有形的利潤。同時，要想在商海中暢遊，僅有金錢或能力都僅能算是一隻成功的翅膀，互利互惠、互通有無，具有合作精神才是雙翼飛翔，不僅能幫助自己增加財富，而且能拓展更大的空間。

小姐與乞丐

郊外一幢漂亮的房子裏，住著一個漂亮的小姐。

這一天，來了一個乞丐，乞丐衣衫襤褸一頭白髮，一副可憐相。小姐動了惻隱之心，給了他十塊錢。

小姐問乞丐：「你每天除了乞討，還做點別的什麼嗎？」

乞丐說：「化妝。」

「化妝？」小姐很納悶，「乞討也要化妝嗎？」

「是的，我把自己裝扮得更衰老一些，這樣人們就更同情我，給我更多錢。小姐，你除了上班還做些什麼嗎？」

小姐說：「化妝。」

「小姐在哪兒上班？」

「在歌舞廳，我得把自己打扮得更年輕一些，這樣客人才會喜歡我，給我更多錢。」

乞丐一聽立刻把十塊錢還給她。

小姐更納悶了：「怎麼？不要了嗎？」

乞丐說：「是的，幹我們這一行有個規矩：不能向同行討錢。」

☻大智慧：

沒有規矩，不成方圓。即使是行乞也要遵規守諾講誠信，這是做人做事的根本，唯有如此，才能立穩腳跟並取得長足發展。

說謊的員工

老闆十分憤怒地對新來的一個職員吼道：「你不但遲到，而且還編造理由。你知道，老闆們是怎樣對待說謊的職員的嗎？」

職員不慌不忙地說：「知道——立即派他去當產品推銷員。」

☻**大智慧：**

人盡其才，物盡其用，獨具慧眼、瞭解員工的長處並讓其在適宜的崗位上大施拳腳，為其創造良好的發展空間，使其工作並快樂著，其實是為自己鋪平了獲利之路。

你不但遲到，而且還編造理由！你知道老闆是怎樣對待說謊的員工的嗎？
知道～立即派他去當產品推銷員。

小幽默大智慧

第六章

笑談高效管理與經營

論政治家

一天，有人問英國首相邱吉爾，做個政治家要有什麼條件。邱吉爾回答說：「政治家要能預言明日、下月、來年及將來發生的一些事情。」

那個人又問：「假如到時候預言的事情未實現，那怎麼辦？」

邱吉爾說：「那就要再說出一個理由來。」

大智慧：

只有能夠自圓其說，才能樹立威信。

獅子和牠的三個臣子

獅子把羊叫來，問牠：「你能不能聞到我嘴裏發出的臭味？」

羊說：「大王，我能聞到。」

獅子把實話實說的羊咬得血肉模糊。

接著，獅子又把狼召來，問牠同樣的問題，狼說：「大王，我聞不到。」獅子把溜鬚拍馬的狼咬得鮮血淋漓。

最後，狐狸被召來了，獅子也問牠同樣的問題，狐狸看看周圍的情形，說：「大王，我患感冒了，什麼也聞不到。」

☺大智慧：

作為下屬，如何管理你的上司是一門很大的學問。如果他坦誠，你要像羊一樣直言不諱；如果他虛偽，你要像狼一樣阿諛奉承；如果你對他的性格把握不准，你要像狐狸一樣難得糊塗，因為模棱兩可的話總是讓人抓不著把柄。

給湯加鹽

古時候有一個人，在家裏熬一鍋菜湯。熬得差不多了，他想試試鹹淡是否合適，就用一把木勺舀了一勺湯出來嘗。

這人喝了一口，覺得很淡，就隨手把裝著剩湯的木勺放到一邊，抓了一把鹽撒到鍋裏。這時，鍋裏的湯已經加上鹽了，而木勺裏的湯還是原來的湯，他也不重新舀上一勺，又拿起原來的那勺湯來嘗。

嘗過以後，他納悶地摸了摸腦袋，又皺了皺眉頭，自言自語地說：「咦，明明加過鹽了，這鍋湯為什麼還是這麼淡呢？」

於是這個人又抓了一把鹽放進鍋裏，仍舊還是去嘗勺裏的湯。勺裏的湯自然還是淡的，他於是又往鍋裏拼命加鹽。

就這樣，木勺裏的湯始終沒有更換過，他也重覆著嘗一口湯、往鍋裡加一把鹽的過程。一罐鹽經他這麼一折騰，已經見了底了，可他還撓著頭皮，百思不得其解地想：今天真是活見鬼了，為什麼鹽都快要加完了，鍋裏的湯卻還是淡而無味呢？

☻大智慧：

事物在不斷發展，如果你始終用一成不變的老方法去處理新問題，總有一天會失效。

你的眼裏有什麼

黃谷父親帶著三個兒子到草原上打野兔。在開始獵殺之前，父親向三個兒子提出了一個問題：「你的眼裏有什麼呢？」

老大回答：「我看到了爸爸、老二、老三，還有一望無際的草原。」

父親搖搖頭說：「不對。」

老二回答：「我看到了獵槍、野兔，還有茫茫草原。」

父親又搖搖頭說：「不對。」

老三回答：「我的眼裏只有在草原上奔跑的野兔。」

父親說：「你答對了。」

☻大智慧：

目標為行動指引方向，沒有目標的工作，是沒有意義的工作。

子賤放權

孔子的學生子賤有一次奉命擔任某地方的官吏。他到任以後，經常彈琴自娛，不問政事。可是，他所管轄的地方卻治理得井井有條，百業興旺。這使那位卸任的官吏百思不得其解，因為他每天勤勤懇懇，從早忙到晚，也沒有把那個地方治理好。於是他請教子賤：「為什麼你逍遙自在、不問政事，卻能把這個地方治理得這麼好？」

子賤回答說：「你只靠自己的力量去治理，所以十分辛苦；而我卻是借助下屬的力量來完成任務。」

☻大智慧：

一個聰明的管理者，應該懂得如何正確地發揮下屬的才智、利用下屬的力量，而不是管這管那、事必躬親、把一切事情都攬在自己身上。

永遠不會有孩子

一天晚上，某公司在開會。三個小時過去了，會還沒開完。這時，一位中年女員工站起身來走出會議室。

「您幹什麼去，小玉？會還沒有開完呢！」

「我得回家，我家有孩子要照顧。」

過了半個小時，又站起來一位年輕的女員工。

「您要去哪兒，小美？你家並沒有孩子要照顧呀！」

「如果我總坐在這裏開會，那麼，我家永遠也不會有孩子的。」

☺大智慧：

冗長、離題的會議，既浪費自己的時間，又浪費別人的時間。做好會議管理，讓會議簡短、高效，可以節約時間資源，大大提高我們的工作效率。

愛迪生與燈泡

愛迪生試製白熾燈泡，失敗了一千二百次。一個商人諷刺他是個毫無成就的人。愛迪生哈哈大笑：「我已經有很大的成就了，我證明了一千二百種材料不適合做燈絲。」

☺大智慧：

換一個角度看問題，失敗也是成就！

巴頓將軍

巴頓將軍為了顯示他對部下生活的關心，做了一次參觀士兵食堂的突然襲擊。在食堂裏，他看見兩個士兵站在一個大湯鍋前。

「讓我嘗嘗這鍋湯！」巴頓將軍向士兵命令道。

「可是，將軍……」士兵正準備解釋。

「沒什麼好可是的，給我勺子！」巴頓將軍拿過勺子喝了一大口，怒斥道：

「太不像話了，怎麼能給戰士喝這個？這簡直就是刷鍋子的！」

「我正想告訴您這是刷鍋子的，沒想到您已經嘗出來了」士兵答道。

☺大智慧：

只有善於傾聽，才不會做出愚蠢的事！

戴高樂的困惑

戴高樂的人事政策往往難於瞭解。他曾解釋過這件事，他說：「基本上我只喜歡敢於反駁我的人，可是我與這些人卻很難相處。」

☺大智慧：

敢於直言的人，往往個性也比較張揚。對待這類下屬，管理者只有悅納、寬容，才不至於陷入「戴高樂」式的困惑之中。

為「親愛的」付錢

一名男子在某國辦完事，買好了回國的飛機票，然後到郵局給妻子發電報。

他寫好電文，交給一名女職員，對方告訴他價錢後，他點了點自己所有的錢，發現錢不夠，於是就對女職員說：「把『親愛的』這幾個字從電文中去掉吧，這樣錢正好。」

「別這樣」，那位女職員從自己的手提包裏掏出錢，說：「還是讓我來為『親愛的』這幾個字付錢好了，做妻子的極想從丈夫那兒得到這個字眼呢！」

☻大智慧：

作為丈夫，別忘了要經常給你的妻子心靈上的慰藉；作為管理者，別忘了要經常給你的下屬精神上的激勵。

畫鬼最易

有一天，齊王請來一位畫家到宮裏繪畫。

齊王問畫家：「什麼東西最難畫呢？」

「狗最難畫，馬也最難畫。」畫家答道。

齊王又問：「畫什麼最容易呢？」

畫家回答：「畫鬼最容易。」

齊王聽了大笑不止，以為畫家是在說笑話。

畫家解釋說：「狗和馬確實很平常，大家天天看得見，摸得著，難就難在這一點。人們都熟悉狗和馬的樣子，畫狗、畫馬若有一丁點兒不像，馬上就會被人們看出來，必須畫得惟妙惟肖，才能被大家認可，這是很不容易的。而畫鬼就不同了，因為誰也沒有見過鬼的樣子，憑著我的想像、發揮去畫，誰也說不出來它像不像鬼，所以畫起來就格外容易了。」

☻大智慧：

如果沒有具體的客觀標準，就容易使人有「弄虛作假」和「投機取巧」的機會。

都有爺爺

從前，有一個人在樹下賣草帽，不料被樹上的一群猴子把草帽哄搶去了。這個人急中生智，想到猴子有模仿的習性，就將頭上戴的草帽取下來，扔到地上。果然，樹上的猴子都將草帽紛紛扔了下來。後來，這個人的孫子也來到樹下賣草帽，同樣遭到樹上猴子的哄搶。

孫子想到爺爺的方法，他也將頭上戴的草帽取下來，扔到地上。但是，沒有一隻猴子把帽子從樹上扔下來。孫子無奈地望著樹上的猴子，心裏納悶：「爺爺的這一招怎麼不靈了？」

這時，猴群中有一隻猴子下了樹，對孫子說：「不是只有你才有爺爺的。」

☻大智慧：

循規蹈矩、沒有創新意識的人，會在實際工作中四面楚歌。

母親的半封信

我和姐姐住在同一個城市，然而我們卻很少見面。住在另一個城市的母親，經常在她的信中問我：「你上次看見姐姐，是在什麼時候？」我只有老實告訴母親：「大約半年以前。」

終於有一天，我收到了一封奇怪的信，是母親寄來的，只有第一和第三頁，而這封信的第二和第四頁寄到了姐姐那裏。為了讀全母親的這封信，我只有和姐姐見上一面。

從那以後，我和姐姐每人每月收到半封信。多虧母親的半封信，它使我和姐姐每個月都能快樂地相聚一次。

☺大智慧：

母親的半封信，成了姐妹之間的溝通橋梁，它澆灌了親情並使之枝繁葉茂。

誘餌

一名美麗的妙齡女郎在動物園閒逛，最後她停留在猴子園前面，卻瞧不到半隻猴子。

「今天這些猴子都跑到哪裡去了？」她問動物園的管理員。

「現在是交配時期，牠們都回到洞裏了。」

「如果我丟些花生給牠們，牠們會不會出來呢？」

「我不知道，」管理員說，「如果是你，你會嗎？」

☺大智慧：

不要以為只要滿足了員工的物質生活就能夠調動他們的積極性，「胡蘿蔔＋大棒」的管理模式已經落伍，人的需求畢竟是多層次的。

甘戊過河

甘戊出使齊國，走到一條大河邊，甘戊無法向前，他只好求助於船夫。船夫划船靠近岸邊，見甘戊一副文人打扮，便問：「你過河去幹什麼？」

甘戊說：「我奉國王之命出使齊國。」

船夫指著河水說：「這條河流，你都不能靠自己的本事渡過去，你怎麼能替國王完成出使齊國的任務呢？」

甘戊反駁船夫說：「世間萬物，各有所能，比方說，駿馬日行千里，為天下騎士所看重，可是如果叫牠去捕捉老鼠，那牠肯定不如一隻小貓；寶劍削鐵如泥，為天下勇士所青睞，可是如果用它來劈砍木柴，那它肯定不如一把斧頭。就像你我，要說在江河上行船划槳，我的確比不上你；可是若論出使大小國家，你能跟我比嗎？」

船夫聽了甘戊一席話，頓時無言以對，他心悅誠服地請甘戊上船，送甘戊過河。

☻大智慧：

只有讓駿馬去伴隨騎士，讓小貓去捕捉老鼠，讓寶劍去斬殺敵人，讓斧頭去劈砍木柴，世間的萬物才能各盡所能。

管理者要善於分析每個員工的長處，儘量將他們安排到最能施展其長處的崗位上，只有這樣，企業才能做到人盡其才，讓每個員工充分實現他們的價值。

什麼也沒有做

一九九九年有一位諾貝爾經濟學獎獲得者來大陸，記者問如何評價柯林頓政府對九〇年代新經濟的貢獻時，這個人回答說：「看在柯林頓沒有做過什麼事的分上，給他打個八分吧！」

☻大智慧：

中國兩千年以來，以「無為而治」代替精確管理，對現代的管理者仍然有很大的啟發意義。老子說：「治大國若烹小鮮」。就是說，治理大國應當像煮小魚一樣，不能隨意去攪擾它否則小魚就殘碎了；同樣，管理員工，就不能老擔心他們什麼也做不好，對他們頤指氣使。

的確，柯林頓除了折騰了一個不太正經的萊溫斯基事件外，似乎沒有什麼可圈可點的東西更吸引人們的目光了，但美國經濟卻獲得了復甦與持續增長。

先有雞還是先有蛋

一家酒店經營得很好，人氣旺盛、財源廣進。酒店的老總準備開展另外一項業務，由於沒有太多的精力管理這家酒店，打算在現有的三個部門經理中物色一位總經理。

老總問第一位部門經理：「是先有雞還是先有蛋？」

第一位部門經理不假思索地答道：「先有雞。」

老總接著問第二位部門經理：「是先有雞還是先有蛋？」

第二位部門經理胸有成竹地答道：「先有蛋。」

這時，老總向最後一位部門經理說道：「你來說說，是先有雞還是先有蛋？」

第三位部門經理認真地答道：「客人先點雞，就先有雞；客人先點蛋，就先有蛋。」

☻大智慧：

毋庸置疑，第三位部門經理將升任為這家酒店的總經理。就事論事，往往很容易局限在一個小的圈子裏，這就是常說的「慣性思維」。跳不出思想的框架時，就找不到處理事情的正確方法；相反，當我們換個角度跳出原有慣性思維的框框時，我們就走上了一條新道路，即：柳暗花明又一村。

古木與雁

一天，莊子和他的學生在山上看見山中有一棵參天古木因為高大無用而免遭於砍伐，於是莊子感歎說：「這棵樹恰好因為它不成材而能享有天年。」

晚上，莊子和他的學生又到他的一位朋友的家中做客。主人殷勤好客，便吩咐家裏的僕人說：「家裏有兩隻雁，一隻會叫，一隻不會叫，將那一隻不會叫的雁殺了來招待我們的客人。」

☻大智慧：

世間並沒有一成不變的準則。面對不同的事物，我們需要不同的評判標準。

逆旅二妻

楊朱和弟子在宋國邊境的一個小客棧裏休息，發現店主的兩個老婆長相與身份地位相差極大，忍不住向店主人問是什麼原因，主人回答說：「長得漂亮的自以為漂亮所以舉止傲慢，可是我卻不認為她漂亮，所以我讓她做粗活；另一個認為自己不美麗，凡事都很謙虛，我卻不認為她醜，所以就讓她管錢財。」

☻大智慧：

以貌取人的領導者，最終會傷透下屬的心，長期下去，務實之人定然會悄然離別，而花瓶也不可能為你帶來效益，最終你就等著關門吧！

三隻鸚鵡

一個人去買鸚鵡，看到一隻鸚鵡前面標：此鸚鵡會兩種語言，售價二百元。另一隻鸚鵡前則標道：此鸚鵡會四種語言，售價四百元。該買哪隻呢？兩隻都毛色光鮮，非常靈活可愛。

這人想了許久，拿不定主意。結果突然發現一隻老掉了牙的鸚鵡，毛色暗淡散亂，標價八百元。這人趕緊將老闆叫來：這隻鸚鵡是不是會說八種語言？

店主說：不。這人納悶了：那牠為什麼又老又醜，又沒有能力，會值這個價錢呢？

店主回答：因為另外兩隻鸚鵡叫這隻鸚鵡老闆。

大智慧：

管理就是你不做事，讓別人做事，讓別人去做自己想做的事情，並且別人願意去做。

牛草高旋屋簷上

一位遊人旅行到鄉間，看到一位老農把餵牛的草料鏟到一間小茅屋的屋簷上，不免感到好奇，於是就問道：

「老爺爺，你為什麼不把餵牛的草放在地上，方便牠直接吃呢？」

老農說：「這種草品質不好，我要是放在地上牛就不屑一顧；但是我放到讓牠勉強可以吃得著的屋簷上，牠會努力去吃，直到把全部草料吃個精光。」

☺大智慧：

太容易到手的東西沒有人會珍惜，很多時候，一個頭銜、一點獎勵，哪怕官職再小、獎品再薄，也不要輕易授人，最好能夠激勵部屬們透過公平競爭的方式去獲得。

拾雞者

曾有這樣一個人，每天都要去偷鄰居的雞，有人告訴他說：「這樣的行為，不符合君子之道。」

那人回答說：「那就減少一點好了，以後每月偷一隻雞，等到明年的時候，就完全不偷了。」

☻大智慧：

計劃使我們的思想具體化而展現出我們期望做什麼，什麼時候做好，誰去做什麼事，以及如何做。明智的管理者在制定一項政策的時候，總是會記得這樣一件事——制定一個日程表，不實現目標決不罷休。

捕鼠之貓

一個越國人為了捕鼠，特地帶回一隻善於捕捉老鼠的貓，這隻貓善於捕鼠，也喜歡吃雞，結果越國人家中的老鼠被捕光了，但雞也所剩無幾，他的兒子想把吃雞的貓趕走，父親卻說：「禍害我們家中的是老鼠不是雞，老鼠偷我們的食物咬壞我們的衣物，挖穿我們的牆壁損害我們的傢俱，不除掉牠們我們必將挨餓受凍，所以必須除掉牠們！沒有雞大不了不要吃罷了，離挨餓受凍還遠著哩！」

☺大智慧：

寧可使用有缺點的能人，也不用沒有缺點的平庸的「完人」。不能為了嚇走耗子而燒了房子。

小宏的褲子

小宏明天就要參加高中畢業典禮了，為了把這一美好時光留在記憶之中，於是他高高興興上街買了條褲子，可惜褲子長了兩寸。

吃晚飯的時候，趁奶奶、媽媽和嫂子都在場，小宏把褲子長兩寸的問題說了一下，飯桌上大家都沒有反應。飯後大家都去忙自己的事情，這件事情就沒有再被提起。媽媽睡得比較晚，臨睡前想起兒子明天要穿的褲子還長兩寸，於是就悄悄地一個人把褲子剪好疊好放回原處。

半夜裏，狂風大作，窗戶「碰」的一聲關上把嫂子驚醒，她猛然醒悟到小叔子褲子長兩寸，自己輩分最小，再怎麼說也該是自己去做，於是披衣起床將褲子處理好才又安然入睡。

老奶奶早醒，一大早醒來給小孫子做早飯上學，趁水未開的時候也想起孫子的褲子長兩寸，馬上快刀斬亂麻。最後小宏只好穿著短四寸的褲子去參加畢業典禮了。

☻**大智慧：**

團隊協作需要默契，但這種習慣是靠長期的日積月累來達成的，在合作初期，還是要靠明確的約束和激勵來養成，沒有規則，不成方圓，衝天的幹勁引導不好就欲速不達。

老鼠和狗

一群老鼠爬上桌子準備偷肉吃，卻驚動了睡在桌邊的狗。老鼠們與狗商量，說：「你要是不聲張，我們可以弄幾口肉給你，咱們共用美味。」

狗嚴詞拒絕了老鼠們的建議：「你們都給我滾，要是主人發現肉少了，一定懷疑是我偷吃的，到那時我就會成為砧板上的肉了。」

☻**大智慧：**

不要與企圖打倒自己的對手合作，當他們給你一點利益的時候，你也許失去的是更大的利益。

買死馬

有一國君願意出千兩黃金去購買千里馬，然而時間過去了三年，始終沒有買到，又過去了三個月，好不容易發現了一匹千里馬，當國君派手下帶著大量黃金去購買千里馬的時候，馬已經死了。但被派出去買馬的人卻用五百兩黃金買來一匹死了的千里馬。

國君生氣地說：「我要的是活馬，你怎麼花這麼多錢買一匹死馬來呢？」

國君的手下說：「你捨得花五百兩黃金買死馬，更何況活馬呢？

☺大智慧：

如果你捨得花五百兩黃金買死馬，更何況活馬呢？買馬人這一舉動必然會引來天下人為國王提供活馬。可見，管理之道，唯在用人。人才是事業的根本。傑出的領導者應善於識別和運用人才。只有做到唯賢是舉，唯才是用，才能在激烈的社會競爭中戰無不勝。

不公平

有一位牧師和一位公車司機同時過世了，但是公車司機上了天堂；牧師卻下了地獄。

牧師一生貢獻於教會卻下地獄，覺得相當地不平，於是向上帝抱怨。

牧師：主啊？我一生都貢獻於教會，每個禮拜天都帶著您的信徒做禱告，為什麼我卻不如一個公車司機？下地獄了呢？

上帝：對啊？就是因為如此你才下地獄的。你每個禮拜天都帶著信徒們禱告，講經，但他們在下面睡覺？可是公車司機每天在街上橫衝直撞，他的乘客卻在禱告呢！

☺大智慧：

作為主管，有時候我們自己做了很多，卻很委屈沒有得到相應的待遇。其實，如果你沒有完成你的職位應該完成的工作，即使你個人付出再多，也是沒有用的，依然是不稱職的。

拔牙趣話

彼得：哎呀！我的牙疼死了！

湯姆：如果要是我的牙這麼疼，我早就把它拔掉了。

彼得：如果要是你的牙，我也早就把它拔掉了。

☺大智慧：

俗話說「站著說話不腰疼」。有時候，只有事情真正降臨到自己的頭上，才會有切身的體驗。

派差使

「誰喜歡音樂，向前走三步！」班長發出命令。六名士兵出列。

「很好，現在請你們把這架鋼琴抬到三樓會議廳去。」

☺大智慧：

用一個恰當的理由來讓別人自願做事情，這是領導者的智慧。

專業能力

經理對老闆說：「吉恩斯這傢夥簡直無可救藥！他整天打瞌睡，我都給他換了三個工作部門了，但他仍然惡習不改。」

「讓他去賣睡衣吧！在他身上掛一塊廣告牌：優質睡衣，當場示範。」老闆說。

☺大智慧：

成語「雞鳴狗盜」出自《史記．孟嘗君列傳》，意思指卑下的技能或具有這種技能的人也有他能發揮的地方。對於一個現代企業主管來說，如何知人善用是個問題。

您可以放心了

一個上年紀的乘客下了火車，當他走向出站口時，突然急忙叫住了一個小男孩，忙說：

「你趕快幫我去一趟七號車廂，在六號軟臥裏有我的一個皮包在那裏。喏，這是小費。」

男孩跑去了。過了一分鐘，他從已經啟動的火車的踏板上跳下來，奔向那個乘客，對他說：

「沒錯，先生。您可以放心了，您的皮包還在原處。」

☻大智慧：

在管理過程中，默契非常重要。可以說，沒有默契，也就沒有團體。你要記住，團體並不是人的組合，而是心的聯結。可見，找一個能夠明白你想要他做什麼的人，這是多麼的重要。

遺憾

亞西比德是古希臘的一位了不起的政治家。一天，他和比他大四十歲的佩裏克萊斯大談如何才能治理好雅典。可老佩裏克萊斯對此並無興趣。「在你這個年紀，我也是像你現在這麼說話的。」他冷冷地對亞西比德說。「哦，那時我要能結識您該有多好啊！」亞西比德回答說。

☻大智慧：

年輕人的熱情容易被無情的歲月消磨。所以，對於年輕人，鼓勵比諷刺更能激發他們工作的熱情。

拔個精光

從前，有個當官的，年歲老了還娶了幾房小老婆。有一天，他看見自己的兩鬢出現白髮，便讓大小老婆們一起來幫他拔掉。大老婆怕他顯得年輕，被小老婆們喜愛，專拔黑的；小老婆們想把他裝扮得更年輕，專拔白髮。拔來拔去，一會兒工夫，不僅把他的兩邊鬢髮拔俱乾淨，就連他的頭髮也被拔個精光。

☻大智慧：

同樣的一件事，交給不同的人做，由於出發點不同，處理的結果往往會超乎你的預料，所以想做好事情就得要先找對人。

魔鬼的樣子

德國宇宙玩具公司老闆奧斯曼對員工非常嚴厲、苛刻，員工背地裏都稱他為「魔鬼」。

一天奧斯曼站在門外等車，公司裡的尼娜小姐跑過去對奧斯曼說：「老闆，我對你有一個請求，請跟我走一趟！」

奧斯曼跟她走到一個銀匠面前。尼娜對銀匠說：「就像這樣的。」說完就走了。

奧斯曼問這位銀匠；「她這話是什麼意思？」

銀匠說；「她剛才要我幫她製作一隻像魔鬼的銀器。我告訴她說，我從沒見過魔鬼，不知何狀。於是她就把你給帶來了。」

☺大智慧：

要取得更大的成功，就要有別人的幫助。要別人幫助你，你就要成為領導者，做到了這一點，你再大的夢想就能實現。而作為一個優秀的領導者首要的是擁有自己獨特的人格魅力，並獲得員工的信賴和尊重，這樣你才是一個真正的領導者。

謝天謝地

有個官員貪財殘害百姓，還經常貪酒耽誤政事，老百姓對他恨之入骨。到了他被解職下臺的時候，老百姓送給他一塊德政碑，上書「五大天地」。他不解其意，於是問大家：「這是什麼用意。」

老百姓齊聲答道：「人一到任時，金天銀地；你在家時，花天酒地；你坐堂辦公時昏天暗地；老百姓喊冤時，是恨天怨地；你如今下臺了，謝天謝地！」

☺大智慧：

在其位應謀其職，群眾的眼睛是雪亮的，你的行為時刻在受到別人的關注。

小幽默大智慧

第七章

笑談市場的開拓與行銷

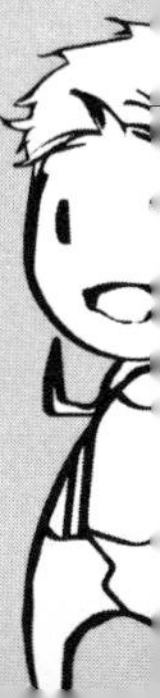

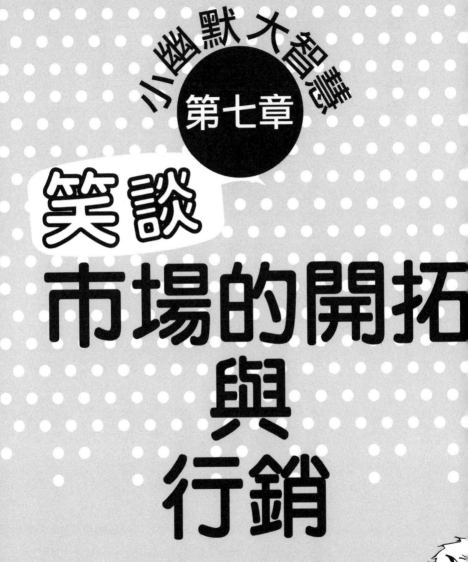

名片的價格

祕書把推銷員的名片交給董事長，董事長不耐煩地把名片丟回去。門外的業務員恭敬地說：「沒關係，我下次再來，麻煩董事長留下名片。」祕書又硬著頭皮進辦公室，董事長氣極了，把名片撕成兩半丟給祕書，並且拿了五塊錢，瘋了似的說：「五塊錢買他一張名片，叫他走！」

祕書把五塊錢交給業務員，業務員又拿出一張名片，恭敬地說：「我的名片二塊五毛錢一張，五塊錢可以買兩張，所以我還欠董事長一張，麻煩交給他。」

☺大智慧：

想推銷成功就要有鍥而不捨的精神，堅持不懈，戰勝拒絕，才會有成功的希望。

足球廠商賠款

有一位球迷的妻子向法院控告足球，說足球奪去了她的丈夫。由於愛上了足球，她丈夫每天都忙於看足球而不理她。可是法官說，球是個東西，你不能告它，你要告，只能告足球廠商。

於是，這位婦人就控告了足球廠商。

出人意料的是，廠商非常高興地賠償了她七萬英鎊的孤獨費。

☺大智慧：

遭到控告未必是壞事情，婦人的控告恰恰證明了足球的魅力所在，於是，訴訟成了一個活廣告。這正是「以退為進」的成功運用。

牽牛

有一次，美國大思想家愛默生和兒子打算把牛牽回牛棚，兩個人一前一後使盡所有力氣，但牛怎樣也不進去。

家中女傭見兩個大男人滿頭大汗，徒勞無功，於是上前幫忙，她僅拿了一些草讓牛悠閒地嚼食，並一路餵牠，很順利地就將牛引進了牛棚，剩下的兩個大男人在那裏目瞪口呆。

☻大智慧：

要知道客戶所需要的是什麼，然後針對其需要，投其所好，而不是硬向客戶推銷你想賣出去的產品。記住，釣魚時用的是魚餌，不是您所喜歡吃的東西，而是魚最喜歡吃的東西。

功虧一簣的推銷

有位挨家挨戶推銷清潔用品的業務員，好不容易才說服公寓的主婦，幫他開了鐵門，讓他上樓推銷他的產品。

當這位辛苦的推銷員在主婦面前完整的介紹他的商品的特色後，見她沒有購買的意識，黯然拎著東西下樓離開。

主婦的丈夫下班回家，她不厭其煩地將今天業務員向她敘述的產品的優良性能一一重述一遍後，她丈夫說：「既然你認為那項產品如此實用，為何沒有購買？」

「是相當不錯，性能也很令我滿意，可是那個推銷員並沒有開口叫我買。」

☻大智慧：

這是推銷員百密一疏，功虧一簣之處，但基本上是推銷員的意志不堅，精神不集中所致。

推銷保險

曾有人向汽車大王福特推銷一張百萬美元的保險。當成交後，福特的一位好朋友知悉，趕緊面晤福特，臉色相當不悅的批評道：「你真不夠意思，我都開你們福特汽車廠的汽車，你要買保險怎麼不告訴我呢？」

福特口氣堅定地說：「你開福特車是我推薦你的，至於我需要的高額保險，你可從來沒有開口向我提過。」

☻大智慧：

愛面子，忌熟人，講情面，這種殘留的人性惡。往往是一個推銷員成功的障礙。

氣球

有一次，一個推銷員在紐約街頭推銷氣球。生意稍差時，他就會放出一個氣球。當氣球在空中飄浮時，就有一群新顧客聚攏過來，這時他的生意又會好一陣子。他每次放的氣球都變換顏色，起初是白的，然後是紅的，接著是黃的。過了一會兒，一個黑人小男孩拉了一下他的衣袖，望著他，並問了一個有趣的問題：「先生，如果你放的是黑色氣球，會不會上升？」

氣球推銷員看了一下這個小孩，就以一種同情，智慧和理解的口吻說：「孩子，那是氣球內所裝的東西使它們上升的。」

☺大智慧：

恭喜這個孩子，他碰到了一位肯給他的人生指引方向的推銷員。「氣球內所裝的東西使它們上升」同樣，也是我們內在的東西使我們進步，關鍵在於你自己，你有權決定你的命運！

黑人和白人

一個白人政府實施「種族隔離」政策，不允許黑皮膚人進入白人專用的公共場所。白人也不喜歡與黑人來往，認為他們是低賤的種族，避之唯恐不及。

有一天，有個長髮的洋妞在沙灘上日光浴，由於過度疲勞，她睡著了。當她醒來時，太陽已經下山了。

此時，她覺得肚子餓，便走進沙灘附近的一家餐館。

她推門而入，選了張靠窗的椅子坐下。她坐了約十五分鐘。沒有服務生前來招呼她。她看著那些服務生都忙著侍候比她來得晚的顧客，對她則不屑一顧。她頓時怒氣滿腔。想走向前去責問那些服務生。

當她站起身來，正想向前時，眼前有一面大鏡子。她看著鏡中的自己，眼淚不由奪眶而出。

☻大智慧：

原來，她已被太陽曬黑了。

無論做任何事，我們都要設身處地去為他人著想。

經營有方

幾乎沒什麼人到白玫瑰餐廳吃飯，老闆不知如何是好。餐廳裏的飯菜物美價廉，可是好像沒有人願意來吃。後來他採取了措施把情況改變了，幾個星期以來他的餐廳總是擠滿了先生們和他們的女友。

每當一位先生帶著一位女士進來，侍者就給他們每人一份印刷精美的菜單。兩份菜單外表看來完全一樣，但內容卻大不相同。

服務生給男士的那份菜單上是每份菜、每瓶啤酒的正常價格，而他給女士們的那份菜單上的價格要比男士高得多！所以當男士從容地點了一份又一份菜，要了一瓶又一瓶酒的時候，女士會覺得他比實際上要慷慨得多！

☻大智慧：

老闆對來飯店吃飯的客戶群的分析可謂是別出心裁，占比例很大的成雙成對的情侶給了他突發的靈感。可見，行銷人員要時刻擦亮眼睛，看透客戶的心理，讓他們心甘情願地把腰包裏的錢掏出來。

滯銷

一天，一位女士走進一家帽子商店。老闆微笑著說：「早安，夫人。」

「早安，」那位女士回答道，「你們櫥窗裏有一頂鑲有紅花藍葉的帽子。請你把那頂帽子從櫥窗裏拿出來。」

老闆說：「好的，夫人。我很願意為您效勞。」

女士們通常總要先看許多帽子，然後才選定一頂，弄得老闆疲於應付。

「好，」他想道，「我一定要很快地把這頂帽子賣掉——它在櫥窗裏放了很長一段時間了。」

「夫人，您希望把帽子放在盒子裏還是戴著走？」他問道。

「啊，我不想買，我只希望你把那帽子從櫥窗裏拿出來。我每天都得經過你的商店，我不喜歡看見那裏放著醜陋的東西。」

☻大智慧：

滯銷，首先應該從自己入手，想一想滯銷的原因，而不是無所不用其極地向外兜售。如果這樣做，即使一時得逞，也不會有很好的前景。

顧客在哪裡

有這樣一個故事，一個推銷員因為找不到顧客而向經理提出辭職。經理拉他到面對大街的窗口，指著大街問他說：「你看到什麼呢？」

推銷員答道：「人啊！」

「除此之外呢？」

「除了一大堆的人，就只有馬路啊！」

經理又問：「在人群中，你難道沒看出許多的顧客嗎？」

☺大智慧：

沒有一雙善於發現的眼睛，你就很難找到眾多顧客。善於發現，才能學會邀約之道。

鴨子只有一條腿

某城市有個著名的廚師，他的拿手好菜烤鴨，深受顧客的喜愛，特別是他的老闆，對此更是倍加賞識，不過這個老闆從來沒有給予過廚師任何鼓勵，使得廚師整天悶悶不樂。

有一天，老闆有客從遠方來。在家設宴招待貴賓，點了數道菜，其中一道是老闆最喜愛吃的烤鴨。廚師奉命行事，然而，當老闆挾了一條鴨腿給客人時，卻找不到另一條鴨腿，他便問身後的廚師說：

「另一條腿到哪裡去了？」

廚師說：「老闆，我們家裏養的鴨子都只有一條腿？」老闆感到詫異，但礙於客人在場，不便問個究竟。

飯後，老闆便跟著廚師到鴨籠去查個究竟。時值夜晚．鴨子正在睡覺。每隻鴨子都只露出一條腿。

廚師指著鴨子說：「老闆。你看，我們家的鴨子不全都是只有一條腿嗎？」

老闆聽後，馬上拍掌，鴨子當場被驚醒，都站了起來。

老闆說：「鴨子不全是兩條腿嗎？」

廚師說：「對？對？不過，只有鼓掌拍手，才會有兩條腿呀？」

☺大智慧：

在開展行銷工作時，激勵獎賞是非常重要的。身為主管，要經常在公眾場所表揚佳績者或贈送一些禮物給表現特佳者，以資鼓勵，激勵他們繼續奮鬥。一點小投資，可換來數倍的業績，何樂而不為呢？

非洲土人穿鞋

在美國有一間鞋子製造廠。為了擴大市場，工廠老闆便派一名市場經理到非洲一個孤島上調查市場。

那名市場經理一到達，發現當地的人沒有穿鞋子的習慣，回到旅館，他馬上拍發電報告訴老闆說：「這裏的居民從不穿鞋，此地無市場。」

當老闆接到電報後，思索良久，便吩咐另一名市場經理去實地調查。當這名市場經理一見到當地人們赤足，沒穿任何鞋子的時候，心中興奮萬分，一回到旅館，馬上電告老闆：「此島居民無鞋穿，市場潛力巨大．快寄一百萬雙鞋子過來。」

☺大智慧：

同樣的境況，卻有不同的觀點與結論。其實，如果我們經常往壞的方面去想的話我們將錯失許多「成功的機會」。

相反的，我們一直往好的、積極的方面去思考的話，我們就會挖掘出許多令人想不到的機會，即使是危機也可能藏著一線機會。

空歡喜一場

有一位很喜歡音樂的國王發出了一項公告，宣佈有誰能奏出優美的小提琴，便重重有賞。

不久來了一小提琴手，國王隨即命令他演奏。這名小提琴手果然奏出了一曲非常悅耳動聽的曲子。

國王聽得如癡如醉，龍心大悅。當小提琴手向國王要賞金時，國王卻一分也不給，小提琴手不滿地說國王食言。

國王卻笑著回答說：「哈哈，剛才你演奏音樂給我聽，讓我空歡喜一場。我說要給你賞金也是要讓你空歡喜一場罷了，這還不公道嗎？」

☺大智慧：

我們常常聽說一些推銷人員看見別人的輝煌成就時，也非常豪氣地說：「給我一點時間吧，我會做得比他更好。」或「他能，我也一定能。」

可惜的是他從來沒有認真地行動。日復一日，年復一年，他卻一事無成，只會談成功、理想、目標、計劃，但從不行動，到頭來豈不是空歡喜一場嗎？

爺孫與驢子

從前，有個老爺爺帶著孫子。牽著一頭驢子，準備進入市場去賣掉。

他們走了一段路，那位老爺爺聽到有個路人說：「這兩人，放著驢子不坐，真是傻瓜？」二人聽後覺得有點道理。

爺孫兩人便一起騎上驢背，繼續行程。

走了不久，又遇到一名路人，那路人指著他們說：「這爺倆真是沒人性，兩人壓得驢子要死了。」

聽了路人這麼一說，那老爺爺趕忙下來，讓孫子一人騎在驢背上，自己牽著驢子步行。

過了不久，經過一間茶樓，茶樓外站著一名婦女。那婦女說道：「這是什麼時代啊，這個小孩這樣不懂事，自己享受，讓老人家走路。」

老人聽了覺得那名婦女說得很有道理，便吩咐孫子下來·讓他坐上去。

走著走著，來到一條熱鬧的街坊，那裏有三五個婦女對著他們指指點點：「唉，這個老人怎麼這樣沒有愛心，自己享受，讓小孩受苦。」

聽後，那老人臉紅了。

「這也不是·那也不是，到底怎樣才是對的呢？」

最後，那爺孫二人向人們借了一條大繩與一根長棍，將驢子四腳綁上抬到市場去了？

☻**大智慧：**

有許多人對推銷行業有所誤解，或一知半解。我們無法避免他人在旁的批評或勸告，但我們是無法取悅每一個人的，否則將失去了方向，迷失了自己。

揠苗助長

中國古代有一個農夫，種了稻子。種了稻苗後，便希望能早早收穫。

他每天都到稻田裏，發覺那些稻苗長得非常慢。

他等得不耐煩，心想：怎樣才能使稻苗長得高，長得快呢？

想了又想，他終了想到一個「最佳方法」，就是將稻苗拔高幾分。

經過一番辛勞後，他滿意地扛鋤頭回家休息。心想：明天稻苗長得一定更高了。

隔天早晨，一早起身，他迫不及待地起去稻田看他的「成果」。

哪知，他跑到稻田時，卻看到所有的稻苗都枯萎了。

☻**大智慧：**

從事推銷事業，哪有一躍而成的事情？每一棵植物，都需要陽光、空氣、水分及土壤才能逐漸成長。農夫也必須每天辛勤地澆灌、耕耘等，才能獲得成果。

言多必失

夢玲與一位心目中的白馬王子共墜愛河。有一天奉父母之命把男友請回家中吃飯，二位老人家對小張的外表與言談舉止都非常滿意。唯一美中不足的是小張是一個無宗教信仰的人。最後家人決定向他闡釋佛教的好處，於是，小張便開始對佛教產生了興趣。

不久，兩家便定下良辰吉日，準備舉辦喜事了。然而，有一天晚上夢玲從外面回家後哭著要媽媽通知親友取消婚宴，以及把親友們送來的禮物一一退還。父母大吃一驚說：「怎麼啦，小張不是已經接受了佛教嗎？你們已是天生一對呀！」

夢玲哭的更傷心了，她說：「對呀，他就是相信到已經出家當和尚了。」

☺大智慧：

不管在介紹產品或是保薦新人時，都必須注意對方的反應。一旦對方已經感興趣時就應當成交，不要再長篇大論，以為說得越多越好。豈知言多必失，往往因失言而使對方改變意願。記住，過度推銷往往讓煮熟的鴨子也飛跑了。

守株待兔

有一個農夫，在田裏忙完工作扛著鋤頭回家，突然碰到有隻野兔因為受驚撞到他前面的一棵樹上死了。這農夫上前撿起這隻野兔，拿回家好好的飽餐了一頓。

從此，這個農夫天天就坐在這棵樹邊等待有野兔再撞死在這裏。

一個月過去了，兩個月也過去了，農夫的田地裏生滿了雜草，卻一直沒有第二隻野兔撞死在樹上。

等到收割季節，別人收穫了豐碩的勞動成果，而這個農夫既沒等到兔子，也荒蕪了莊稼。

☻大智慧：

世界上沒有一勞永逸的事情。現在沒有，將來恐怕也不會有。假如你參加了推銷而坐等顧客上門，除非天上掉下餡餅之外，否則你會餓肚皮的。

天堂之路

有一位初到小鎮的神父問一個小孩「小朋友，你可以告訴我怎樣可以去郵局嗎？」

小孩詳細地告訴了神父。

神父說：「小朋友，非常謝謝你。對了，星期天你來教堂找我吧，我可以告訴你通往天堂的路」。

小孩說：「算了吧，你連到郵局的路也不曉得，又怎能告訴我通往天堂的路呢？」

☻大智慧：

如果我們要獲得別人的信任，我們必須先要充實自己。當別人提出疑問時，我們卻支吾以對的話，別人又怎麼能相信你的產品或你提供的機會呢？

火車上的乘客

在火車上某個車箱內坐了兩名乘客。他們正因窗戶問題而吵架？甲說：「天氣那麼熱，不打開窗戶，會悶死人的！」說著就將窗戶打開。乙則忙將窗戶關閉，說：「天這麼冷，不關上窗戶會著涼生病的。」雙方因互不相讓而爭執不停，最後，還要勞駕列車長前來主持公道。列車長聽了雙方的理由後說：「我建議不如先將窗戶打開，讓你們其中一個凍死。然後，再把窗戶關閉，讓另一個也熱死，那麼世界就太平了？」

☻大智慧：

每當我們面對一些問題時，尤其是與顧客站在不同的立場時，必須心平氣和地坐下來想對策或解決之道，千萬別爭執到面紅耳赤。因為這樣不但破壞了彼此間的感情，連生意都不用談了。

沈香

有一個商人，到外地去買了一車的沈香，運回故鄉來販賣。

結果因為沈香較昂貴，所以很少人購買。

而旁邊剛好有一個賣木炭的攤位，因為木炭便宜，一下子就賣光了。

這位商人眼見隔壁攤位的木炭一下子就銷售一空，而自己的沈香卻賣不出去，心中甚是著急，左思右想，他終於想到了一個辦法。

於是他用火將整車的沈香燒成木炭，果真一下子就被大家搶購一空，他也高興地回家了。

☻大智慧：

行銷的目的並不是將產品賣出去，而是以合適的價格賣給需要的顧客，雖然賣出去的目的達到了，但你又失去多少呢？

醫駝背

有一個自稱專治駝背的醫生，招牌上寫著：「無論駝得像弓那樣的，像蝦那樣的，像飯鍋那樣的，經我醫治，著手便好！」

有個駝背信以為真，就請他醫治。他拿了兩塊木板，不給駝背開藥方，也不給他吃藥，卻把一塊木板放在地上，叫駝背趴在上面，用另一塊木板壓在駝背的身上，然後用繩索綁緊。接著，便自己跳上木板，拼命亂踩一番。駝背連聲呼叫求救，他也不理會，結果，駝背算是給弄直了，人也「嗚呼哀哉」了。

駝背的兒子和這醫生評理，這醫生卻說：「我只管把他的駝背弄直，哪管他的死活！」

☻大智慧：

顧客需求是多樣的，顧客的偏好也是多樣的，企業行銷的問題是找出解決顧客需求的產品和方法，並且這種產品和方法能夠滿足顧客的需求，這才是成功的行銷，許多企業在廣告中吹噓自己的產品可以解決什麼問題，當顧客購買使用後卻不見效果，想評理卻找不著人訴說了。

吹簫的漁夫

有一個會吹簫的漁夫，帶著他心愛的簫和漁網來到海邊。他站在一塊岩石上，吹起簫來。他想音樂這麼美妙，魚兒自己就會游到他的面前來。

他聚精會神地吹了好久，連魚兒的影子都沒有見到。他生氣地將簫放下，拿起網，向水裏撒去，結果捕到了很多魚。

他將網中的魚一條條地扔到岸上，看到活蹦亂跳的魚，漁夫氣憤地說：「喂，你們這些不知好歹的東西！我吹簫時，你們不跳舞，現在我不吹了，你們倒跳了起來。」

魚說：「是我們對你美妙的簫聲不感興趣啊！」

☺大智慧：

市場行銷就是針對目標顧客運用行銷策略的過程。所以選擇什麼樣的目標顧客作為企業的行銷對象、並且針對這些顧客選擇什麼樣的行銷策略非常重要。企業行銷不成功的一個重要原因可能就是這種做事不看對象的人了。

割草男孩的故事

一個替人割草的男孩打電話給一位陳太太說：「您需不需要割草？」

陳太太回答說：「不需要了，我已有了割草工。」

男孩又說：「我會幫您拔掉花叢中的雜草。」

陳太太回答：「我的割草工也做了。」

男孩又說：「我會幫您把草與走道的四周割齊。」

陳太太說：「我請的那人也已做了，謝謝你，我不需要新的割草工人。」男孩便掛了電話。

此時，男孩的室友問他：「你不是就在陳太太那兒割草打工嗎？為什麼還要打這電話？」

男孩說：「我只是想知道我做得有多好！」

☻大智慧：

只有不斷地探詢客戶的評價，你才有可能知道自己的長處與短處。不要蕭規曹隨，凡事想想清楚事出何因，多問幾個「為什麼」。

等出名以後

一個初出茅廬的作家請卓別林看他寫的一個電影腳本，他問意見如何。卓別林仔細翻閱過他的劇作後，搖了搖頭說：「等你和我一樣出名的時候你才能寫這樣的東西，而現在，你要寫得特別好才行。」

☺大智慧：

市場經濟講究的是品牌。無論是人，還是商品，都是如此。你或你的商品必須形成自己的品牌，否則就是死路一條。而這些，又需要艱苦長期的努力。

推銷牙刷

推銷員向一位女士推銷牙刷：「你只要接上電源，把這個牙刷伸進口裏，完全不用動手。價錢稍貴了些，但方便極了。」

推銷員說得天花亂墜，女士有點動心了，但還是嫌貴。推銷員毫不猶豫地取出了另外一隻牙刷，它與前一把牙刷完全一樣，他又對女士說：「這把牙刷也是自動的，它不但便宜，而且不用電。刷牙時，你只需把牙刷用手拿著伸進嘴裏，不停地擺動頭就行了！」

☻大智慧：

人的選擇總是在差別比較中進行的，這就是為什麼高明的行銷者在推銷高檔產品的同時，會擺放一些低檔的產品做對比。

電話

一八七六年，貝爾的一套透過電線傳遞聲音的裝置獲得專利。八年以後，美國加州一個農民第一次到電話局嘗試這種新玩意。他先在紙上寫了幾個字，將紙片捲起來，用鉛筆推塞進傳話器裏，然後坐下來等候回音。

久候沒有反應，農民又把紙片揉成團扔進手柄中。等了半個小時，電話機仍然沒有什麼動靜，這個農民非常失望地走了。工作人員拆開受損的電話，打開那個紙片，上面寫的是：訂購扳鉗。

☻大智慧：

一個新生事物的出現和被人接受是需要大量的推廣和普及的。再好的東西，沒有人瞭解，也是沒有用處的。這就是為什麼廣告在現代生活中無處不在的主要原因。

鬧鐘

一位顧客對售貨員說：「我想買一個好一點的鬧鐘，您這裏有嗎？」

「先生您想買的那種鬧鐘，我店裡剛好有貨。瞧！就是這種鬧鐘，首先它會響，如果您醒不了，它就會鳴汽笛並傳來炮聲。如果您還醒不了，它就會給您噴一束涼水，然後它就打電話給您的上司請假說您生病了。」

☻大智慧：

完整的市場經濟是由供求關係決定的，我們說，需求產生供給，高明的行銷手段是創造需求，然後銷售需求。也許有一天，我們真的需要這樣一種鬧鐘。

評劇妙語

在義大利作曲家M．路易吉．凱魯比尼擔任巴黎音樂學院督學時，有一位學生寫了一個歌劇打算上演。在試演該劇時，他邀請凱魯比尼去觀看，想得到權威的評價。

凱魯比尼耐心地看完了一幕，又看了第二幕，但未作一句評論。年輕的作曲家看著他如此專心觀劇而沈默不語，緊張得在凱魯比尼的包廂裏進進出出。最後，他再也無法掩飾自己的焦慮，問凱魯比尼：「先生，您有什麼話和我說嗎？」

凱魯比尼抓住他的手，親切地對他說：「我可憐的小夥子，我能說什麼呢？我已經花了兩個小時聽著，但你對我什麼也沒說。」

☻大智慧：

沈默是最大的忌諱。在這個資訊極度膨脹的時代，「酒香不怕巷子深」已經成了過時的口號。敢於表現，你才不至於被湮沒在競爭激烈的汪洋大海中。

推銷首飾

推銷員對一位太太說：「現在我向您推薦一種新首飾。您的鄰居已私下偷偷告訴我，您的首飾箱裏還沒有這東西。」

☻**大智慧：**

成功地推銷不僅要把東西推銷給缺少它的人，還有那些原本不需要它的人。

現在我向您推薦一種新首飾。
您的鄰居已私下偷偷告訴我，
您的首飾箱裡還沒有這東西。

燈光廣告新論

有一次，賈斯特頓在美國演講。某日晚上，他和同伴們一起步上街頭欣賞城市夜景。當他看到色彩斑斕的百老匯大街的兩旁燈光廣告閃現出各色商品介紹時，他感到很興奮。沈思了一會兒，他感歎道：「對於那些不識字的人來說，這些廣告是多麼漂亮啊！」

☻大智慧：

沒有任何東西能滿足所有人的需求，同一樣事情，不同的人看了有不同的感受。所以，廣告總是針對特定人群訴求的。

推銷良機

汽車商對自己的推銷員說：「我想，這是你向鮑威爾推銷一輛新轎車的最好時機。」

推銷員頗為不解，問：「這是為什麼呢？」

經理說：「別忘了他是個好勝的人，而他的鄰居剛剛買了一輛。」

☻大智慧：

這人的弱點，便是那人的良機。弱點是一切困難的突破口。

道見桑婦

晉文公領兵出發準備攻打衛國，公子鋤這時仰天大笑，晉文公便問他為何仰天大笑，他說：「我是笑我的鄰居啊！」

當他送妻子回娘家時，在路上碰到一個採桑的婦女，便按捺不住就去和採桑的婦女搭訕，可是當他回頭看自己的妻子時，發現竟然也有人正勾引著她。

☻大智慧：

市場競爭是殘酷的，在你看中了別人手裏的麵包的時候，你碗裏的米飯極有可能已經成為他人的目標。

所以企業的領導人在拓展自己的市場的時候一定要小心行事，如果貿然發動攻勢，很可能自己的目標沒達到，反而失去了已有的優勢。

偉大的廣告力量

「廣告是一種偉大的力量！」

「何以證明？」

「當母雞下蛋時，牠總是大聲地叫，而母鵝下了蛋，卻總是靜悄悄的。」

「那又怎麼樣？」

「所以人們都去買雞蛋，而幾乎沒有人去買鵝蛋。」

☺大智慧：

廣告效應確實是一種不可忽視的力量，市場競爭如此激烈，「酒好不怕巷子深」、「皇帝女兒不愁嫁」的年代已經一去不返。好廣告對好產品而言即如虎添雙翼。

小幽默大智慧

第八章

笑談職業生涯與工作

評選

某公司每到年底，按慣例要進行評選優秀員工的活動。某月某日所有員工集中在會議室裏，主管先把評選的作用、意義、評選方法等足足講了一個小時，員工們聊天的聊天、嬉鬧的嬉鬧，但當主管一宣佈評選開始，驟然鴉雀無聲。

突然，小陳站起來略帶調侃地說：「我們主管很不錯，你就應該是優秀員工呀！」頓時大家哄堂大笑，主管擺擺手，「我不行的，我是主管怎麼能被評為優秀員工呢？我倒覺得小陳很符合優秀員工的標準，譬如……你們看怎麼樣？」員工們都笑嘻嘻地附和「好，好」。不知誰冒了句「不就是兩個名額嗎？可以散會了」。

整個評選過程只有兩分鐘。於是大家離開了會議室，不少員工的臉色不太好看，據說當晚那主管與小陳相約在餐館裏喝酒喝到很晚很晚。

☻**大智慧：**

不要讓你的對手看出你的目的，看出你在乎什麼。因為，你越在乎，別人就越給你設置障礙，你也就越不容易得手。真正高明的辦法是欲擒故縱，以退為進。當然，要修煉到「喜怒不形於色」，還需要相當高的城府和境界。

應試妙答

一應聘者接受招聘者的面談，部分對話節錄如下：

招聘者：「你以前是銷售什麼的？」

應聘者：「銷售我自己。」

招聘者：「業績如何？」

應聘者：「天知、地知、我知，就是你不知。」

招聘者：「你為何要跳槽？」

應聘者：「不跳的人是一樣的，跳槽的人理由各不一樣的。」

招聘者：「那你為何選中我們公司呢？」

應聘者：「那你們公司為何要招聘呢？」

招聘者：「有緣。」

應聘者：「是呀，真是相見恨晚，明天我能否上班？」

☻大智慧：

面試時，首先要擺正自己的位置，明確自己的提問範圍，不該問的絕不要問。切不可賣弄「口才」亂問一通。即使你很「出色」，而且勝利在望，在提問時也要講分寸、有禮貌。否則只會引起考官的反感，讓「煮熟的鴨子飛走了。」

兩敗俱傷

甲與乙是兩個競爭副廠長的最佳人員，兩人明爭暗鬥各使伎倆。甲對乙最近一次捐款五十元贊助公益捐款，特地請朋友寫了篇專欄，故意把五十元寫成五十萬元，結果乙家數次遭到小偷的光顧，結果還遭到小偷的羞辱，這件事被乙知道後，乙為了報復甲，在一次宴會上，乙主動通知服務員把甲的白酒換成白開水，甲感激不盡，認為乙「大人不記小人過」，結果頻頻舉杯敬酒，結果第二天甲嚴重虛脫、體乏無力，原來乙還對服務員說了一句話：「他身體不好，開水裏多放些瀉藥。」兩件事一傳開，誰也沒有當上副廠長。

☻大智慧：

在競爭日益激烈的今天，採取一些手段顯示自己的才能本是無可厚非的，但彼此勾心鬥角、相互傾軋，把精力用在壓制、迫害自己的對手上面，有時候甚至無所不用其極，就是一個人品質低劣的表現了，其結果只能是搬起石頭砸自己的腳，自食惡果。

請假

一職員已兩天沒上班了，當他第三天來到公司時，老闆抱怨說：「你這兩天幹什麼去了？」

職員答道：「我不小心從三樓窗戶跌到大街上了。」

老闆氣衝衝責問：「從三樓跌下去要兩天嗎？」

☻大智慧：

在職場，出現被動局面並不可怕，人畢竟不是全才。但是，任由糟糕的局面繼續惡化下去，就是責任心的問題了。

正如上面這個幽默，既然「不小心從三樓窗戶跌到大街上了」不管理由是否荒誕，為何不及時請假呢？

你這兩天幹什麼去了？
我不小心從三樓
跌到大街上了。

從三樓跌下去要兩天嗎？

合同風險

老闆：「積壓二百條夏季男褲，我該怎麼辦？」

代理人：「寄到其他縣市去。」

老闆：「那裏現在也不會有人買。」

代理人：「不至於，只要包裝得好。我們給主顧們寄十條一包的樣品，發貨單上寫八條，假裝我們搞錯了，但價格仍按十條算。這樣一來，主顧就會高興的以為占了我們便宜，就會把貨留下。」

老闆覺得這個主意很妙，貨包和發貨單寄出去了……三天後，老闆對代理人大聲吼道：

「蠢貨，你瞧，你可把我們給坑了！沒有一個主顧把貨留下的，而且只給我們退回來八條褲子！」

☻大智慧：

職場如戰場，你應該把你的對手想像得比你聰明，而不是把他們想像成傻子。記住，你想到的那些「小聰明」，對方也一定能想到，除非對方真是傻子。

願望

業務代表、行政職員、經理一起走在路上去吃午餐，意外發現一個古董油燈。

他們摩擦油燈，一個精靈從一團煙霧中冒了出來。

精靈說：「我通常都給每個人三個願望，所以給你們每個人一人一個。」

「我先！我先！」職員搶著說，「我要到巴哈馬，開著遊艇，自在逍遙。」

噗！她消失了。

驚嚇之後，「換我！換我！」業務代表說：「我要在夏威夷，和女按摩師躺在沙灘上，還有喝不完的椰汁和生命之愛。」

噗！他消失了。

「好了？現在該你了？」精靈對經理說。

經理說：「我只希望他們兩個吃完午餐後回到辦公室。」

☻大智慧：
永遠讓你老闆先說。

他招了？

前蘇聯考古學家發現了一具木乃伊，可花費了很長時間也無法弄清木乃伊的年齡，於是他們請了幾位KGB幫忙。

KGB來了以後，忙了一個早上，最後滿頭大汗的出來了，查清楚了，三千一百四十七歲。

考古學家非常震驚，問道：你們是怎麼知道的？KGB指著木乃伊說：很簡單，他招了。

☻大智慧：
在現代社會中，「職業病」已經成了一個並不陌生的字眼。養成良好的職業習慣固然是件好事，但用職業思維來打量世間的所有事物，何嘗不是一種悲哀？

馬夫餵馬

馬夫偷偷地把用來餵馬的大麥賣掉了。

但他仍然每天用水給馬擦洗，用梳子為馬梳理鬃毛。

馬對馬夫說：「如果你真心對我好，就不要把大麥賣掉！」

☺大智慧：

對馬來說，與大麥比起來，每天的梳洗算得了什麼？一天梳洗十回，也比不上吃一次大麥。在職場中，總能遇見一些像「馬夫」之類的人，你一定要透過表面現象看本質，不要被虛情假意所蒙蔽。

獵人和狐狸

一隻被獵人追趕的狐狸看到一個樵夫，急忙向他求救。樵夫想了想，就讓牠藏在自己的小茅屋裏。

不久，獵人追過來，問樵夫有沒有看到一隻狐狸。樵夫嘴上說沒有看到，手卻在給獵人示意，指著狐狸藏身的地方。

可惜獵人沒有看懂樵夫的手勢，轉身就離開了。獵人走後，狐狸急忙從屋裏鑽出來，撒腿就跑。

樵夫叫住牠，責備牠為何不知感恩，一句感謝的話不說就要離開。

狐狸回答說：「如果你表裏如一，我自然會向你道謝的！」

☻大智慧：

職場中，常見的是落井下石，而不是雪中送炭。這個時候，你最需要警惕的是那些假惺惺地向你伸出「援助之手」的「好心人」。

職業習慣

上尉檢閱新兵時，問一個排長：「為什麼你把高大好看的全都排在前面，不順眼的矮個兒全都排在後面？」

「報告上尉！」排長答道，「我入伍前是擺攤賣水果的。」

☻大智慧：

人的位置和角色是相對的，而且也應隨著環境改變而改變的。順應自身條件去尋找合適的位置，這樣你就能夠站在前面。

一言誤事

「你昨天去找新的工作，找到了麼？」

「沒有。當招聘人員跟我洽談時，我說了句該死的廢話！」

「你說錯了什麼？」

「當他問我會不會做這種工作時，我說『這種工作我簡直可以閉著眼睛做』！」

「這話沒有錯啊？」

「可他要找的是個守夜人。」

☻大智慧：

不要低估任何一件事情，有時越簡單的工作越需要責任心。

面試

經理要找一個祕書，他要應聘者接受心理學家的測試，最後只剩下三個人。

「二加二等於幾？」心理學家問了最後一個問題。

「四。」第一位女士答。

「二十二。」第二位女士答。

「可能是四，也可能是二十二。」第三位女士答。

待她們走出辦公室後，心理學家說，「經理先生，從回答來看，第一個人很單純，第二個人就複雜多了，而第三個人則非常老練。不知您滿意哪一個？」

經理未經思考，立刻回答：「就是那個金髮美腿的！」

☺大智慧：

在這樣一個社會，女人的容貌也變成一種資源被人利用。因此，你會很容易看到那些被無辜拒掉的女生和某些不懷好意的邀請。我們自己唯一的對策是善加分辨，小心保護自己。

請再往後退

以演莎劇聞名的英國演員兼劇院經理赫伯特．特里在一次排演時，覺得沒有達到預計的效果。他叫一名年輕的男演員向後退幾步，這位演員退了幾步。但不一會兒特里又中止了排練：「請再後退一點。」這位演員又照辦了，排練繼續進行。特里第三次中止了排練，「還要向後退！」他命令道。

「再往後退，我就要退到後臺去了。」這位演員抗議道。

「對，這就對了。」特里說。

☺大智慧：

古希臘德爾菲神廟上刻著一句話：「認識你自己！」認不清自己的人永遠也找不到適合自己的道路，正如上面幽默中那位年輕人，何必一味地強求自己呢？

面談

傑克到一家酒吧應徵警衛。酒吧的經理問他：「你有沒有經驗？」

「當然！」傑克就環視四周。看到一個醉醺醺的酒客走過。馬上把他抓過來。隨之一腳將他踢出門外。然後。得意洋洋地問經理：「那請問我現在能不能見總經理了？」

「那你恐怕要稍等他一下了。因為。他剛才被你踢出去了。」

☻大智慧：

年輕人最讓人欣賞的是做事情有精力，速度快，效率高。但最大的問題也是考慮不周，容易衝動，經常辦錯事。所謂「欲速則不達」正是這個道理。

馬的即興表演

德國演唱雙棲明星昂紮曼恩當年在柏林劇院演出時，喜歡即興發揮幾句，害得跟他搭檔的演員無所適從。因此，導演讓他不要再搞什麼即興創作。

第二天夜場，當他騎在馬上出臺時，馬竟然在臺上撒起尿來，引得觀眾捧腹大笑。

「你怎麼忘了，」昂紮曼恩對馬厲聲喝道，「導演是不許我們即興表演的。」

☻大智慧：

生活中有種情況總是讓人苦惱，就是激情的員工遇到了一個規矩的老闆，有才的駿馬遇到了無能的伯樂。當然，對於某些天才來說，變被動為主動也是比較容易的，關鍵是看你是否動腦子。

心臟和牙齒

有個人的兒子想學內科「你真笨？」父親罵道：「還是去學牙科吧——人只有一顆心，可是牙齒有三十二個呢？」

☻大智慧：

選擇職業也是一種智慧，有些行業很快就會萎縮，有些行業在相當長的時間內保持興旺。對於拋開興趣愛好而言，我們是可以透過比較來選擇我們的職業。

醫生

一位私人診所的醫生準備出國度假，便讓剛從醫學院畢業的兒子來頂一個月。一個月後醫生從國外度假回來，問兒子情況如何。

兒子得意地說：「我把您醫了十年都沒醫好的那個心臟病人徹底治好了。」

不料，父親聽了破口大罵道：「混蛋！你以為你聰明能幹？你也不想想，你這些年讀醫學院的學費是怎麼來的！」

☻大智慧：

這個社會，有些職業是可以透過量化的條件來考慮的，但有些職業則是需要加入道德和良知共同評價的。作一個有良知的有道德的人，是從事任何工作的先決條件。

接替

美國有一年經濟危機，失業率很高。一個人工作找了很久，也沒找到。一天他在街上閒逛，忽然一個人從建築工地的樓上掉了下來。他急忙跑到工頭那兒問：「那個剛掉下來的人的工作我可以接替嗎？」

工頭說：「不行，他的工作已經有人接替了？」

「誰呀？」

「就是把他推下來的那個人唄！」

☻大智慧：

如此看來，坐等機會不如自己去創造機會，但絕不是以上所述的方式。

坦率

「怎麼啦，怎麼啦，我的寶貝，你發生了什麼事呢？」經理問他的美貌女祕書。

「我必須向你坦白承認一件事實：我當你的祕書已經三年了，可我根本不會打字。」

☻大智慧：

美色當前而丟失原則和判斷，對做人和做事這都是相當危險的。

沒有祕訣

大仲馬寫作的速度十分驚人，他一生活了六十八歲，晚年自稱畢生著書一千二百部。有人問他：「你苦寫了一天，第二天怎麼仍有精神呢？」

他回答說：「我根本沒有苦寫過。」

「那你怎麼寫得又多又快呢？」

「我不知道，你去問一股泉水它為什麼總是噴湧不盡吧！」

☻大智慧：

一個人，只有從事喜歡並且適合的工作，才可以從工作中獲得樂趣並做出成就。

沒有不正常的跳動

一天晚上，年輕的俄國生理學家巴甫洛夫終於下決心走出實驗室，與未婚妻西瑪會面去了。他們很難得相見，相會沒多久，巴甫洛夫就對未婚妻說：「快把你的手給我！」

西瑪以為他要吻自己的手，高興地伸過去。巴甫洛夫抓住未婚妻的手，用手指壓著她的脈搏，過了好一陣，才說：「沒有不正常的跳動，放心吧，你的心臟的確很好。」

☻大智慧：

「職業病」並不是醫學上定義的一類疾病，但它對他人的危害有時候等同疾病。

接見和旅遊

每天中午在固定的時間，德意志皇帝威廉一世總要站在柏林宮殿靠角落的窗口，接見成千上萬的來瞻仰這位象徵帝國權力的統治者的人們。到了晚年，由於健康狀況不佳，醫生懇切地勸他停止這項日常活動，以免勞累過度。可皇帝卻十分固執地說：「我每天的接見是寫在旅遊手冊上的。」

☻**大智慧：**

如果我們不能改變工作安排，那就改變我們對工作的態度。這樣能讓我們保持良好的心態。

修屋頂

「我的屋頂漏雨了。」

「那為什麼不整修呢？」

「因為現在正下雨。」

「雨一停，你就趕快去找人來修吧！」

「那時我的屋頂就不漏了。」

☻**大智慧：**

拖延從來都不缺少理由，只是你所做的就太有限了。

精確

某報社編輯部主任辦事講究精確，他也同樣以此要求與他一起工作的同事們。一次，一位記者送給他一篇會議報告稿審閱，他接過稿認真讀起來。當他讀到這樣一個句子時他抬起了頭。那句子是「三千九百九十九隻眼睛注視著講臺上的演說者。」

「這簡直是胡說八道！」主任動氣了。

「這可不是胡說八道，先生，」記者解釋說，「你可知道會議參加者中有一位是獨眼龍。」

☻大智慧：

任何一種合理的要求如果到了苛刻的程度，也就失去了其合理性。

絕妙的建議

有一個人問拉比，「哪一種職業能使我生存下去直到老死。」

「當麵包師。」拉比建議道，「那樣你就總有麵包在家裏了。」
「如果我沒錢了，買不起麵粉了，怎麼辦呢？」
「那你就不再是麵包師了！」

☻大智慧：

工作對於人而言，不僅是一種謀生的方式，也是個人施展抱負的努力，更是人對自身信心的來源。

謙虛過分，自討苦吃

經過面試，應徵者被一家公司聘用，計劃讓他下周開始到公司上班。為了對經理表示感激和謙虛，他說：「我既缺少智慧，又沒有經驗，希望您多多指教。」
「如果是這樣的話，你先別到公司來上班，等你有了智慧和經驗再來。」經理對應徵者說。

☻大智慧：

不卑不亢既是對別人的尊重，更是對自己的尊重，而只有尊重自己才能贏得別人對你的尊重。

專家本色

修理工依約去醫生家修理電視機，發現他那台電視機用了十年，已經破舊不堪了，醫生用幽默的口吻說：「你開個處方吧！」

修理工對著電視機默默看了一陣，然後回答：「我看只能寫驗屍報告。」

☻大智慧：

俗話說：三百六十行，行行出狀元。如果你覺得工作枯燥而無望——不如試試專注用心的精深研究——像專家一樣對待它吧！

沒幹什麼

「去領本周的工資吧，你被開除了。」

「可我沒有幹什麼呀？」

「所以你被開除了。」

☻大智慧：

職場的殘酷就在於你的一切辯解都將是它淘汰你的理由。所以面對失業的最好辦法就是，保留自信，離開，並於下一站的工作中，以行動贏得尊重。

人才難得

老闆傑克到警察局報案：「有個流氓冒充我的推銷員，在鎮上賺了十萬美元！這比我所有的雇員在客戶身上賺到的錢還要多得多。你們一定要找到他！」

「我們會抓住他，把他關進監獄的！」

「關起來幹什麼？我要聘用他！」

☻大智慧：

職場之上，能力便是一切。當這種能力足以令競爭對手千方百計地想要與你成為合作者之時，便是一種成功的定義。

家有三子

在公車上，坐在我身旁的男人，喋喋不休地向我談他家庭的事。「我有三個兒子，都是知識份子，」他說，「老大是教授，老二是詩人，小兒子編雜誌。」

「您做什麼工作？」我客氣地問他。

「我開雜貨店，生意不算很興旺，不過夠養活他們三家人。」

☻大智慧：

有的時候選擇了那種精神領域的職業，也就是選擇了清貧，而精神的富有與物質的富有有時候是相互補充的，只不過這是在不同人身上實現的。

寧願挨踢

一個打柴人挑著一擔柴走路，不小心撞到了一個醫生。醫生大怒，揮拳就要打他，打柴人連忙跪下求饒說：「我寧願挨你的腳踢！」

旁邊有一個好事的人覺得十分驚訝，就問道：「腳踢要比拳打重得多，你為什麼願被腳踢呢？」打柴的人說：「我聽說，經過他這雙手的，肯定活不了。」

☻大智慧：

有如此「口碑」的醫生，可見他的醫術拙劣到何等地步。人無論從事什麼職業，都應對自己的專業精益求精，這既是謀生的需要，也是職業道德的要求。

我們倆都錯了

在火車上，甲旅客的手帕不見了。他硬說是坐在旁邊的乙旅客偷走了。可是，過了一會兒，甲旅客在裏邊的口袋裏找到了那塊手帕。於是，他很不好意思地向乙旅客道歉。

乙旅客冷靜地回答道：「沒有關係，剛才我把你當成一位紳士，而你把我當成一個小偷。看來，我們倆都錯了。」

大智慧：

其實，很多時候你所應該做的是反省自己，而不是時時處處都指責別人。

小幽默大智慧

第九章

笑談親身實踐與體驗

「相對論」妙解

有一次，群眾包圍了從德國移民到美國的科學家愛因斯坦的住宅，要他用「最簡單的話」解釋清楚他的「相對論」。當時，據說全世界只有幾個高明的科學家看得懂他關於「相對論」的著作。

愛因斯坦走出住宅，對大家說：「比方這麼說——你和你最親的人坐在火爐邊，一個鐘頭過去了，你覺得好像只過了五分鐘！反過來，你一個人孤孤單單地坐在熱氣逼人的火爐邊，只過了五分鐘，但你卻覺得像坐了一個小時。——唔，這就是相對論！」

大智慧：

世間任何事情都是相對的，可以說根本就不存在原本的「真相」。

換位思考

有兩個婦女在聊天，其中一個問道：「你兒子還好吧？」

「別提了，真是不幸啊！」這個婦人歎息道：「他實在有夠可憐，娶個媳婦懶得要命，不燒飯、不掃地、不洗衣服、不帶孩子，整天就是睡覺，我兒子還要端早餐到她的床上呢！」

「那女兒呢？」

「那她可就好命了。」婦人滿臉笑容：「他嫁了一個不錯的丈夫，不讓她做家事，全部都由她先生一手包辦，煮飯、洗衣、掃地、帶孩子，而且每天早上還端早餐到床上給她吃呢！」

☺大智慧：

同樣的狀況，但是當我們從不同的角度去看時，就會產生不同的心態。

橫看成嶺側成峰

有兩個旅遊團，到日本伊豆半島旅遊，路況很糟，到處都是坑洞。

其中一位導遊連聲抱歉，說路面簡直像麻子一樣。

而另一個導遊卻詩意盎然地對遊客說：「各位女士先生，我們現在走的這條道路，正是赫赫有名的伊豆迷人酒窩大道。」

☻大智慧：

雖是同樣的情況，然而不同的意念，就會產生不同的態度。思想是何等奇妙的事，如何去想，決定權在你。

迷信風水

一個非常迷信風水的人，凡事都得請教風水先生，預卜凶吉禍福。一日，他坐在一堵牆下，牆忽然倒塌，把他壓在下面。他大喊救命，僕人們走來一看，說：「老闆，請忍耐一下！我們先去問問風水先生，看看今天宜不宜動土。」

☻大智慧：

具體問題具體分析，形勢不同，所採取的辦法也應該靈活掌握。

牆上畫門

有一家精神療養院。在某一天，院長想看看有多少人病好了。於是就讓護士在牆上畫了扇大門。只見一個個病人都瘋了似的往牆上撞。院長很失望，忽然他看見有一個病人無動於衷。院長很是高興，連忙跑過去問他：「難道你不想跟他們出去？」

病人答道：「這幫傻瓜，鑰匙在我這裡呢！」

大智慧：

我們總會信奉這樣一句俗語「當局者迷，旁觀者清」。

設身處地

一天，丈夫外出弄髒了白外套，於是借了朋友的一件黑外套穿回家。到了家門，看門的家犬狂吠不止，並想撲向他身上．丈夫很生氣，正想拿起一根木棒打牠時，妻子出來說：「算了吧，別打牠。」

「這條狗真可惡！」丈夫生氣地說，「連我都認不出來。」

「親愛的，你也設身處地為牠想想，」妻子說，「假如有一天，這條白狗跑出去，變成一條黑狗回來，你認得出來嗎？」

☻大智慧：

我們每個人在責問別人的時候，都需要先設身處地的想一想，是否自己有哪些地方做得不對。「待人要寬，律己要嚴」。

豬、綿羊和乳牛

一隻小豬、一隻綿羊和一頭乳牛，被關在同一個畜欄裡。

有一次，牧人捉住小豬，豬大聲號叫，猛烈地抗拒。

綿羊和乳牛討厭牠的號叫，便說：「他常常捉我們，我們也不會大呼小叫。」

小豬聽了回答道：「捉你們和捉我完全是兩回事，他捉你們，只是要你們的毛和乳汁，但是捉住我，卻是要我的命呢！」

☻大智慧：

因為所處的立場不同以及環境不同，所以很難瞭解對方的感受。

當作新的

考古家：「這個瓶子已經有兩千年歷史了，搬運時你們要特別小心呀！」

搬運工：「放心好了，教授，我們會把它當作新瓶一樣小心的！」

☻大智慧：

中國古代思想家孟子曾經說過：「萬物皆備於我」。在不同背景和教養人的眼裡，同樣事物的可貴之處各個不同。

初戀的味道

某家乳酪公司在乳酪飲料廣告上這樣寫道：「甜而酸的乳酪有初戀的味道。」

新聞記者問：「如果小孩子問什麼是初戀的味道時，怎麼辦？」

經理馬上回答說：「沒啥，回答說初戀的味道就是乳酪的味道就行了。」

☻大智慧：

不要過多地用一種實際感受去體會一種感覺。可能在不經意間，實際的感受已經成了全部，那種美妙的感覺你再也無從想起。

狗

克爾對朋友說：

「你不知道我的這隻狗有多蠢！早晨我好心帶牠去散步，但牠卻偏要跑到廚房去喝粥。」

☻大智慧：

把自己的喜好強加於他人者，這就是你的不對了。因為很多時候，所謂對的、好的事情都是相對的。

變味的雞蛋

《福爾摩斯偵探集》的作者阿瑟·柯南道爾曾當過雜誌編輯，每天要處理大量的退稿。

一天，他收到一封信，信上說：「您退回我的小說，但我知道您並沒有把小說讀完，因為我故意把幾頁稿紙黏在一起，您並沒有把它們拆開，您這樣做是很不好的。」

柯南道爾回信說：「如果您用早餐時盤子裡放著一顆壞雞蛋，您大可不必把它吃完，才能證明這顆雞蛋已經變味了。」

☻大智慧：

有些東西，未必非要親身體驗才能驗證它的好壞，否則我們還需要知識和傳統做什麼？

岸邊對話

兩個大腹便便的先生站在岸邊觀看，河裡有一群裸泳者正在嬉戲。

「真不像話！簡直傷風敗俗，應該即刻要求政府明令禁止。」一個人幾乎咆哮起來。

「看來您定是個道德高尚的人。」另一人說。

「不，我是游泳衣的製造廠商。」

☺大智慧：

憤怒出詩人，商人的憤怒則糾纏於利益。

醫生與病人

醫生：如果這個手術是必要的，你能付清全部手術費嗎？

病人：如果我不能付清全部手術費，這個手術就沒有必要了嗎？

☺大智慧：

正因為個人的出發點和立場不同，才有了利害之爭。

萬一他們把你放回去

國王外出時，阿凡提給他趕馬。在路上國王被強盜抓走了。

國王說：「當我的臣民知道我在這兒受苦，他們會有多麼悲痛啊！」

阿凡提說：「也許有朝一日他們還要更加悲痛哩！」

「你是說，萬一我被這些強盜殺害了？」

「萬一他們把你放回去……」

☺**大智慧：**

人往往只從自己的角度出發考慮問題，而從其他人的角度來看，事情的結果往往是不一樣的。

拚死吃河豚

從前，有一對夫妻聽說河豚有毒，但很好吃，於是便買回來一些。但煮好了後誰也不敢先下筷。

過了一會兒，妻子流著淚說：「還是我先嚐嚐吧，只是求你，我死後你要好好帶孩子，等他們成人以後，叫他們萬萬不要再吃河豚！」

☺**大智慧：**

生活中，常常會有許多人不惜以身試法，明知不可為而為之，換取所謂的教訓，這樣浪費精力，其實沒有任何意義。

買書

在書店裡。一位顧客問售貨員：「我打算去義大利度假兩周，請問這裡有沒有旅遊指南之類的書？」

「您來得正是時候，這是昨天才到的新書，書名叫《義大利十日遊》。」

「好極了！可是剩下的那四天我將怎麼辦呢？」

☺大智慧：

別人的建議永遠只是建議，我們自己的人生最終還是得要自己選擇。過多的依賴他人的建議，只會讓我們遺忘了自己。

催眠曲

鄰居：「您的寶寶夜裡一點兒都不吵。不過請您最好別再唱催眠曲了！」

☻大智慧：

我們作為當局者，往往被主觀的偏見蒙蔽在迷惑之中，看不到問題的所在

——這時，還是去問問清醒的旁觀者吧！

您的寶寶夜裡一點也不吵，
請您別再唱催眠曲了！

被冷落的顧客

老王在餐廳裡坐了很久，看到別的客人吃得津津有味，只有他仍無服務人員來招呼，便起身問老闆：「對不起，請問——我是不是坐到觀眾席了？」

☻大智慧：

人人都為自己的生活忙碌，不過——還是應該適時地抬一下頭，注意一下別人的境遇。畢竟，生活不能冷落任何一個角落，人性也是天生尋求公平的！

迷惑不解

在蓋狄堡一家餐館工作時，我主要是招呼那些去那裡看古戰場的遊客。一天傍晚，一對夫婦進來吃晚餐，我問他們那天的遊覽怎麼樣。

「好極了，」男的回答，「但是在這麼多紀念碑中間打那場戰爭，一定很難打。」

☻大智慧：

這個世界不乏本末倒置，買櫝還珠的人。做事情看問題要時透過現象看本質，這句話說起來容易，做起來不易。

新鞋

莫里森買了一雙新鞋卻不穿。一星期後妻子問他：「你為什麼還不穿那雙鞋呢？」「明天就可以穿了。買鞋時售貨員對我說，頭一個星期，這雙鞋會有些夾腳。」

☻大智慧：

畫餅充饑、望梅止渴、紙上談兵的做法，在現實生活中大部分的時候這些做法都是要不得的。

抽象派學生

一位醉心抽象派和立體派繪畫的藝術學院學生，在畫展中花了一小時選畫。終於對一幅白底黑點鑲銅邊框的畫大為傾倒。他問：「這幅畫要多少錢？」

「這是電燈開關！」

☻大智慧：

當我們醉心於行走在自己主觀打造的迷宮裡時，滿心歡喜地認為這就是整個世界——在幾經周折往返，看到了一絲光亮，以為那就是希望的出口——哪知，原來我們才剛碰觸到真實！

白手起家

為了勸說女朋友不去酒店消費，湯姆說：「你知道嗎，百萬富翁都是一分錢當兩分錢用，白手起家的！」

女朋友說：「對呀，不把這些錢花掉，你怎麼白手起家？」

☻大智慧：

奢侈成性的人，是很難透過勤儉的道理來將其改變的。唯一可以使之變化的，只有事實上的不得不承受的挫折。

哪個遠

老師：羅伯特，倫敦和月亮哪個離你遠呢？

羅伯特：倫敦，老師。

老師：為什麼？

羅伯特：我根本看不見倫敦，但是我抬頭就可看到月亮。

☻大智慧：

那些摻雜和了內心感受的發現，往往是複雜而間接的。眼睛之所以能欺騙人的內心，就是因為它對事物的感覺太過於直接。表像的感覺往往是錯誤的。

巧克力杏仁

一位無牙老人在醫院休養，某護士常占其便宜，取走咬不動的食物。一天巡至，見有杏仁一碟。老人說：「這是我朋友送的，我不要了，你幫我倒了吧！」護士取走後又悄悄吃了，隨後對老人說：「你的朋友真怪，明知你沒有牙齒，卻要送這種東西。」

「哦，」老人說，「他知道我愛吃那上面的一層巧克力。」

☻大智慧：

萬事皆有因果。天下沒有白吃的午餐，沒有掉下來的餡餅。因此，在忽然得知自己中大獎的時候，應當馬上警覺起來，並儘快查明、確認真假。

愛情與牛排

美國影星蓋博因為參加拍攝電影《飄》而名噪一時。有一次，他在談到自己的演技時說：「當我第一次拍攝愛情鏡頭時，導演命令我演出情人熱戀時那種強烈的渴望之情，我無論如何努力都難以融入角色之中。這時導演開導我：『在你的生活中你最渴望得到的是什麼？在你腦中竭力的想像它吧！』這時，我饑餓萬分，於是就在腦海中想像一塊鮮嫩、美味撲鼻的牛排。這種辦法還真靈咧！由此，我竟意外地成功了。從那次以後，我就一直這麼做。」

☻大智慧：

只有真正的渴望，才會產生令人全心投入的精神。不要勉強自己去尋找那些無法讓你充滿渴望和產生激情的東西，好嗎？

及時推銷

一個人在繁華的牛津大街上被公共汽車撞倒了，馬上就有一群人圍觀。那個人神情不安地坐起來說：「我這是在哪裡呀？」

「先生，這是你正需要的東西。」一個街頭書攤攤販說：「倫敦地圖——一張才三十五個便士！」

☺大智慧：

這才是一個成功的推銷員要具備的基本素質，何時何地都不忘記自己的職責。冷眼觀察周圍，熱鬧是別人的，財富卻是自己的。只有發現他人忽略的商機，才能輕鬆賺取他人忽視的財富。

隨您的便

在法國「你」與「您」是有嚴格區別的，只有極為要好的朋友間，才能彼此以「你」相稱。法國總統希拉克有一位十分要好的朋友，當這位朋友得知希拉克當選法國總統時，他很猶豫，不知該叫他「你」還是「您」。在一個私下的場合這位朋友問希拉克今後是叫他「你」還是「您」。希拉克的回答是：「那就隨您的便了」

☺大智慧：

橫看成嶺側成峰，從不同的角度看問題會得到不同的答案，如何去看，那就全隨自己的意思了。更客觀的來說，看問題要全面。

謝謝您購買 小幽默大智慧：我們不講笑話 這本書！

即日起，詳細填寫本卡各欄，對折免貼郵票寄回，我們每月將抽出一百名回函讀者寄出精美禮物，並享有生日當月購書優惠！

想知道更多更即時的消息，歡迎加入"永續圖書粉絲團"

您也可以利用以下傳真或是掃描圖檔寄回本公司信箱，謝謝。

傳真電話：（02）8647-3660　　信箱：yungjiuh@ms45.hinet.net

☺ 姓名：　　　　□男　□女　　□單身　□已婚

☺ 生日：　　　　□非會員　　□已是會員

☺ E-Mail：　　　　電話：（　）

☺ 地址：

☺ 學歷：□高中及以下　□專科或大學　□研究所以上　□其他

☺ 職業：□學生　□資訊　□製造　□行銷　□服務　□金融

□傳播　□公教　□軍警　□自由　□家管　□其他

☺ 您購買此書的原因：□書名　□作者　□內容　□封面　□其他

☺ 您購買此書地點：　　　　金額：

☺ 建議改進：□內容　□封面　□版面設計　□其他

您的建議：

廣告回信
基隆郵局登記證
基隆廣字第57號

新北市汐止區大同路三段一九四號九樓之一

大拓文化事業有限公司收

請沿此虛線對折免貼郵票，以膠帶黏貼後寄回，謝謝！